나도 처음부터 아빠는 아니었다

황필수상담가가 전하는 자녀의 <마음근육 키우기 노하우>

저자 황필수 ｜ 삽화 박수빈

(주)엔에프엠프로모션

책 추천

학교가 그렇게 많고 공부할 것이 산더미 같으나 정작 우리의 현실은 인생에 있어 가장 중요한 과목들을 간과하기 쉽다. '아빠학'이 그 중의 하나이다. 우리 중 누가 아빠가 되기위한 공적인 교육이나 수련과정을 받아본 일이 있는가? 아빠가 가정에 참 기쁨과 행복을 제공하는 일은 단지 경제적 능력과 역할담당에서 그칠 수 없다. 가족과 소통하며 공감하는 능력을 나누지 못하는 아빠의 수고는 오히려 가정에 아픔과 한숨을 더할 수 있다. 그래서 '아빠학' 교과서가 필요하다. 저자는 다년간 상담의 경험을 통해 내담자들의 세계에 그려진 아빠의 형상들을 발견하여 이 책을 통해 소개한다. 사람들은 어떠한 아빠를 원하며 또한 아빠가 어떻게 변화되기를 원하는지 그 기대와 소망도 발견한다. 이러한 여정속에서 아빠의 자기회복과 치유의 여정은 어떻게 가능한지, 그리고 그 과정의 끝에 서서 경험하는 참된 아빠됨의 열매, 그 환희와 감격을 소개한다. 아직까지 '아빠'를 잘 이해하지 못하는 사람들, 이제 곧 아빠가 될 사람들, 그리고 이미 오랜세월 동안 아빠로 살아왔지만 이제 더 좋은 아빠가 되기를 원하는 모든 분들에게 이 "아빠 교과서"를 강추합니다!

_ 서울신학대학교 상담대학원장 **황헌영** 교수

책 추천

자녀가 청소년기가 되면서 많은 혼란을 느낀다. 공부에 대한 스트레스와 또래 관계로부터 오는 스트레스뿐 아니라 성인이 되어가는 과정에서 부모로부터 자립하기 위한 몸부림까지… 청소년기 자녀는 많은 갈등과 고민을 스스로 견디며 살아간다. 누구나 이 시기를 지나오면서 어려움과 고민의 문제를 가지고 지나왔음에도 그 시기가 마치 없었던 것처럼 또는 아무런 문제가 되지 않는 것처럼 생각하며 내 자녀 역시 그냥 시간이 지나면 자연스럽게 해결될 일이라 생각하고 살아가는 모습을 보게 된다. 하지만 자녀가 겪고 있는 여러 상황을 지나면서 부모의 기대처럼 멋진 모습으로 성장할 수 있는 기회가 될 수도 있지만, 혼란을 겪으며 아픔과 고통을 호소하기도 한다.

이 시기의 자녀에게 필요한 것은 무엇일까? 그 해답은 역시 가족이다. 가족은 아픔과 힘든 상황들을 견디게 해주는 곳이기도 하지만 편안함을 누리고 새로운 꿈을 꾸며 나갈 수 있는 발판이 되기도 한다. 특히 자녀에게 끼치는 아빠의 역할은 매우 크다는 많은 연구자료를 볼 때도 이 시대에 필요한 책이라 할 수 있다. 그렇기에 이 책의 의미는 더 크다. 아빠의 작은 변화가 내일을 꿈꾸는 청소년 자녀에게 긍정적인 영향을 펼칠 수 있기를 기대하며 자녀와의 관계가 더 좋아지길 기대하는 아빠들에게 추천한다.

_ 경기도 광주시청소년상담복지센터 **최은희** 센터장

책 추천

나도 아빠다.
아빠 역할을 하고 있지만 늘 자신에게 되묻곤 한다. 지금 잘 하고 있는건가? 이렇게 하는게 맞는 걸까? 내가 어릴 적 나의 아버지에게 느꼈던 서운한 감정과 아쉬운 부분들을 반면교사로 삼아 내 아이에게는 더 잘 해줘야지 다짐하며 그렇게 내 아이들을 대하고 있지만 순간순간 나는 이게 맞는건지 되묻곤 한다. 아니 솔직히 잘 모르겠다. 다른 아빠들에게 물어보고 싶었다. 이렇게 하는게 맞는건지.

그동안 궁금하고 의문스러웠던, 정답이 없는 "아빠들의 아이교육". 우리시대 초보 아빠들(본인들은 초보라고 생각하지않더라도)의 길잡이가 되기에 충분한 책이라고 본다. 가정생활에서 아빠의 역할은 아이들에게 있어 엄마의 역할 못지않게 중요하기에 아빠와의 관계가 아이들의 인성과 생활습관, 나아가 아이들의 인생관을 만들어가는데 너무나도 지대한 영향을 끼치고 있다는 것을 알기에 이 책이 독자분들에게 전해줄 메시지와 영향력은 대단할 것이라도 감히 확언한다.

_ 사단법인 패션기업수출지원협회 **공지우** 회장

차례

Prologue   나의 어린 시절 아빠에 대한 기억

01   마음 근육 이해하기
- 아빠는 돈 버는 기계
- 놀 줄 모르는 아빠
- 유아기 때와 청소년기에 보여지는 아빠의 모습
- 청소년기 자녀가 바라보는 아빠에 대한 생각

02   마음 근육의 발달 시작은 기본부터
- 아빠의 감정표현은 화내는 것
- 아빠의 불안이 자녀에게 미치는 영향
- 아빠의 무관심은 자녀의 미래성장을 돕는다

03   기초체력 키우기
- 나도 처음부터 아빠는 아니었다
- 함께 성장할 때 건강한 자녀가 된다
- 아빠의 스킨십과 표현은 자녀에게 안정감을 누리게 한다
- 아빠는 자녀와 함께 고민하고 생각하며 가는 인생의 동반자다

04 마음 근육 단련하기
- 아빠와 함께 할 수있는 다양한 놀이
- 책보다 활동과 체험을 통해 자신의 삶을 깨우치게 하자
- 공부보다 사회 구성원으로 지켜야 할 규범을 가르쳐라
- 유머가 있는 아빠는 자녀의 삶에 여유를 가지게 한다
- 아빠의 응원 메시지는 천군만마를 얻은 것과 같다

05 마음 근육 강화하기
- 아침에 행복함으로 시작하고 저녁에 감사함으로 마무리하라
- 자녀에게 대답할 충분한 시간을 줘라
- 자녀가 선택하고 결정할 수 있는 시간을 줘라

06 마음 근육 자신감 있게 표현하기
- 몸의 근육만큼 중요한 마음 근육
- 타인과 함께 협력할 수 있는 마음 근육을 강화시켜라
- 자녀에 대한 기대감을 최대한 낮춰라
- **자녀와 좋은 관계를 만들고 싶다면 이렇게 말하세요**
- 옥스포드대 연구 "**아빠의 효과**"

Prologue. 나의 어린 시절 아빠에 대한 기억

글을 시작하기 전 사람들이 가지고 있는 아빠에 대한 기억을 알고 싶어서 "어린 시절 아빠에 대한 기억이 있나요?" 라고 질문했다. 이 질문에 대부분 사람은 가족사에 대해 말하기 어려워하거나 부담스러워하였다.

이유가 무엇인지 물으면 어떤 사람은 "가족 얘기하면 눈물이 나올 거 같아서"라고 하거나 **"별로 말하고 싶지 않아서"** 라며 가족사에 대해 숨기고 싶은 마음을 표현하였다. 어떤 경우에는 아빠 이야기만 하면 화가 나서 말하고 싶지 않다고 말하기도 한다. 상식적으로 생각할 때 나를 낳아주고 길러주며 함께 했던 시간이 있었을 텐데 어렸을 때 추억 속의 아빠에 대한 기억들이 말하기 어렵고 힘든 일이 되었을까? 하는 생각이 들었다.

나 역시 아빠에 대한 기억이 있지만 때로는 말하기 어렵거나 쑥스럽기도 한 부분이 있다. 또한, 말을 꺼내기에 창피한 부분도 있다. 아빠에 대한 기억이 행복하고 좋았던 것만 있었던 것은 아니기 때문이다. 그런데도 아빠에 관한 이야기를 용기를 내서 꺼내려고 하는 것은 아빠로서 완벽해서도 아니며 무엇인가 큰 것을 해주었기 때문도 아니다. 단지 불완전하고 부족함이 많은 아빠가 있었기에 오늘날 내가 있을 수 있었고, 완벽하지 않았지만 내가 성장해 갈 때 이런저런 영향을 주었던 아빠가 있었기에 그 이야기를 꺼내려고 하는 것이다.

나의 아빠가 좋았던 기억으로 남아있던지, 좋지 않은 기억으로 남아있던지 분명 나의 삶에 영향을 끼쳤고, 또한 영향을 끼치고 있는 것은 확실하다. 지금은 먼저 하늘나라로 가서서 곁에 없지만, 오늘을 살아가는데 있어 아빠의 영향은 무시하지 못할 만큼 영향을 끼쳤던 것은 틀림없는 사실이다.

나도 지금 아빠로서 살아가고 있지만, 아빠로서의 나의 모습을 되돌아볼 때 자녀들이 어떻게 볼지 생각해보게 된다. 나조차도 그 생각 앞에서는 "과연 나는 좋은 아빠야"라고 확신을 가지고 말하기 어려운 부분이 있다. 그런데도 어떻게 하면 어제보다 오늘 좀 더 좋은 아빠가 될 수 있을까 고민하고, 작은 부분이라도 실천하려고 조금 더 노력할 뿐이다.

사람들은 나에게 "상담을 하니까 자녀들이 정말 좋아하겠어요."라고 말하거나 "아빠가 상담하니까 얼마나 자녀의 마음을 잘 알아주겠어요."라고 말하기도 한다.

하지만 나 역시 자녀들에게 긍정적이고 멋진 모습을 보여주지 못할 때도 있고, 자녀의 필요를 충분히 채워주거나 귀 기울여 주지 못할 때도 있다는 것을 알고 있다. 그런데도 아빠의 이야기를 꺼내려고 하는 것은 지금도 여전히 조금 더 성장하려고 노력하는 지금의 내가 있게 된 것이 아빠의 영향이 있었다는 것을 알기에 조심스럽게 감추었던 아빠에 관한 이야기와 현재 아빠로 살아가고 있는 나의 이야기를 꺼내려 하는 것이다.

어린 시절 아빠에 대한 첫 기억은 공항에 서서 어색하게 바라보고 있던 모습인 것으로 기억한다. 어린 시절의 기억이라 정확한 것은 아니지만 나의 기억 속의 아빠의 첫 모습이었고 기억하고 있는 첫 만남이었다. 나는 엄마 손을 잡고 서 있었으며 동생은 엄마의 품에 안겨 있었다. 그리고 내 앞에는 한눈에 들어오지 않는 매우 커다란 존재가 서 있었던 것 같다. 내 기억으로는 처음 만나는 아빠의 모습은 그랬다. "아빠" 라고 부르기에 두려움이 있었는지 앞에 서 있는 커다란 존재에 대해 두려움과 낯설게 느껴지는 부분이 있어서인지 모르겠지만 엄마 다리를 붙잡고 서서 어색한 듯 서 있었다.

그것이 내 기억 속의 아빠에 대한 첫 모습이었다.
좀 더 시간이 지나 듣게 된 이야기에 비추어 보면서 알게 된 것은 아빠는 사우

디아라비아에서 일하고 귀국했을 당시가 아니었나 싶다. 그 뒤로 시골에서 가족과 함께 지냈으며 아빠는 당시 많은 사람이 일했던 탄광에서 일하셨다고 하지만 탄광에서 일했던 모습은 사진을 통해서만 기억하고 있다.

 초등학교 입학 때쯤 부모님은 또다시 나와 동생을 외할머니에게 맡기고 서울로 올라가셨다. 그렇게 어린 시절 또다시 부모님의 손에서 벗어나 외할머니와 함께 살았다. 다행인지 모르겠지만 주변에 친척들이 있었기에 나름 즐겁게 지냈던 것으로 기억한다. (지금 기억으로는 그 시절에 대해 버림받았다는 등의 나쁜 기억은 없다)

나중에 알게 된 것은 부모님은 어린 자녀들을 두고서 서울로 올라가 자리를 잡겠다는 계획을 세우고 몇 년 먼저 서울로 가셨다는 것이다. 그렇게 또다시 어린 시절 부모님과 떨어져 지내게 되었고 초등학교 3학년이 되어서야 드디어 서울로 전학을 와서 부모님과 함께 살게 되었다. 이때부터 아빠에 대한 구체적인 기억들이 나기 시작한다.

 서울로 전학 온 뒤 아빠에 대한 구체적인 기억은 매일 술을 드시며 귀가하셨으며 골목 어귀에서부터 노래를 부르거나 소리를 지르며 귀가하는 모습이었다. 경상도 특유의 이미지로 부모님의 기본 억양 자체가 억셌기에 일상적인 대화에서도 싸우는 것은 아닌지 하는 의심이 들 정도였다. 서울에서 거친 건축 일을 하시면서 고된 노동으로 지친 모습은 아빠가 감당하기에 매우 힘들었을 것이다. 그래서인지 매일 술을 드시며 노래를 부르거나 소리를 지르는 모습은 어린 나에게 또 다른 두려움의 기억이 되기도 했다.

어린 시절 느꼈던 아빠에 대한 기억은 다른 어른들에 대한 두려움으로 다가왔고 어른들 앞에서는 말도 잘하지 못하는 모습을 보였다. 그런 모습 때문이었는지 모르겠지만 아빠에게 다가가 농담을 하거나 장난을 치는 상상은 하지 못했다. 그냥 집에서는 무뚝뚝한 모습과 말을 잘하지 않는 것이 내가 해야 할 최선이라 생각했던 것 같다.

아빠의 삶이 각박해서 더 그랬겠지만 나름 살아보려는 노력의 결과였을 것이라는 생각은 한참의 세월이 지난 뒤에 깨달았다. 그때 당시의 아빠는 말을 걸기도 어려웠고 아빠와 함께 추억을 만들거나 했던 기억은 그리 많지 않다.

아빠에 대한 좋은 기억이라고 한다면 중학교 시절 아빠의 변화로 인해 술과 담배를 끊으셨고, 그 뒤로 잠을 잘 때면 다가와서 오늘 하루 있었던 것들에 대해 감사 기도를 하는 모습이었다. 아마도 이때의 아빠에 대한 기억이 지금의 나의 모습을 만들어가는데 도움이 되어있는지도 모르겠다.

내가 기억하는 아빠는 억척스럽지만 자기 일을 충실히 감당하셨고, 무뚝뚝하여 표현은 서툴고, 애정 어린 말투를 보이지는 않았지만, 자신의 삶에서 최선을 다하려고 했다. 하지만 그런 모습을 받아들이기에는 나도 많이 어렸기에 아빠의 마음을 이해하기는 어려웠을 것으로 여겨진다.

 어느덧 세월이 흘러 나도 어느덧 아빠가 되었다. 어린 시절 아빠처럼 살지 않겠다고 다짐을 했던 기억도 있고, 아빠의 무뚝뚝하고 표현을 하지 않았던 모습이 때로는 싫어 더 많은 표현을 하기 위해 노력을 하면서 지내려고 했던 부분도 있다. 그런 노력을 했음에도 아빠로서 살아가는 부분에서는 여전히 부족하고 어려운 부분이 많다. 지금 아빠로서 나의 모습을 볼 때 아마 나의 아빠도 더 잘하려고 했지만 부족함을 느끼며 지내지 않았을까 하는 생각을 해본다.

 세월이 더 흘러 내가 사랑하는 자녀 현지, 지은이에게 어떤 아빠로 기억으로 남아있을지 모르겠지만 나의 아빠가 그랬던 것처럼 오늘에 최선을 다하고 오늘보다 조금 더 나은 아빠로 기억될 수 있도록 노력해야겠다는 다짐해 본다.

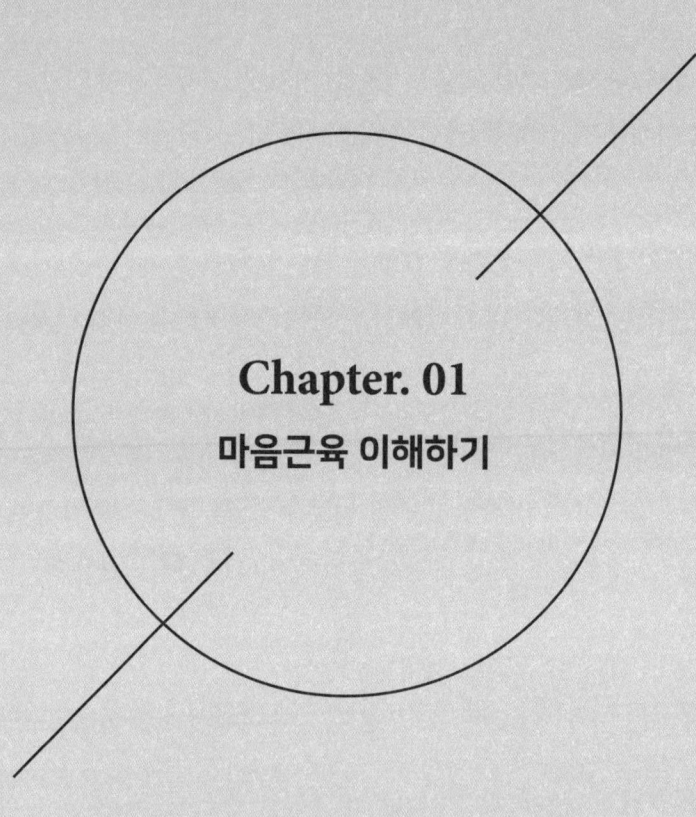

Chapter. 01
마음근육 이해하기

아빠는 돈 버는 기계?

마음 근육 이해하기

대한민국 아빠들은 참 빡빡한 삶을 살아가는 것 같다. 이른 아침 눈을 뜨면 가족들과 밥 먹을 시간도 없이 출근하고 출근을 하면서부터 밀려오는 업무와 상하 관계를 유지하기 위해 눈치를 봐야 하며, 퇴근 시간이 되어서도 승진을 위해 또 다른 노력을 해야 한다. 마치 당연히 그렇게 지내야 하는 것처럼 그렇게 노력하고 있고, 이런 사회생활은 당연한 듯 받아들여지고 있다.

최근 들어서야 근로시간 단축과 업무의 효율성을 위해 정시 출근과 퇴근을 강조하고 있다고 하지만 여전히 높은 근로시간이 아빠의 역할을 하지 못하게 하는 것이 사실이다. 이런저런 정책을 내놓고 있지만, 저 멀리서 들려오는 다른 사람의 이야기일 뿐 현장에서의 피부로 와 닿기에는 어려운 부분이 있다고 말한다.

많은 정책이 나오고 있다 해도 막상 가족의 이야기를 꺼내며 일찍 퇴근한다거나 휴가를 내려고 하면 여전히 눈치를 보거나 "너만 가족이 있느냐?"는 비아냥거리는 말을 들어야 하는 경우들이 많이 있다.

한 회사에서 현시대를 풍자하면서 만들었던 광고가 있다.
퇴근해서 들어와 아이와 시간을 보내고 다시 출근하는 아빠에게 꼬마 아이가 했던 말이 기억난다.

"아빠 또 놀러 오세요"

 현시대를 풍자하는 광고라는 것은 알고 있지만 참 씁쓸하게 다가오는 부분이다. 퇴근 후의 삶과 주말에 대한 삶의 보장을 이야기하며 목소리를 내고 있다고 하지만 여전히 대한민국에서 아빠들의 삶은 많이 힘이 든다.

 그뿐 아니라 퇴근 후 집에 와서는 아내와 함께 집안일을 도와야 하고, 자녀들과 시간을 보내야 한다. 아빠로서 남편으로서 집의 일을 분담해야 한다는 것을 부정하고 싶은 것은 아니다. 아내도 직장 생활하고 퇴근 후에 가정을 챙기고 돌보는 노력을 해야만 하는 것이 현실이고 직장을 가지 않고 가정에서 일한다고 해도 이 또한 무시할 수 없을 만큼 피곤하고 힘든 일이기 때문이다. 그렇기에 남편이 퇴근 후에 집에 와서 아내와 함께 도와주는 시간이 무엇보다 필요하다. 아니 함께해야 하는 것이 맞다.

아침부터 가족과 떨어져 지내다가 저녁에 만남을 기다리는 자녀는 종일 부모와 함께하는 시간을 기대하고 있다는 것을 생각할 때 자녀와 함께하는 시간 또한 무시할 수 없다.

아빠로서 부담이 있는 것은 알고 있지만 이렇게 조금의 시간도 주어지지 않고 빡빡한 삶은 아빠로서 책임감의 무게를 더해감으로 더 지치게 한다.

아내와 자녀를 생각할 때면 당연히 함께해야 한다는 것은 알지만 쌓인 피로로 인해 몸이 마음껏 움직여지지 않기 때문에 때로는 무엇을 해야 하는지 알면서도 무심코 지나칠 때도 있다.

어떤 아빠는 집에 있을 때는 종일 움직이지 않거나 세상에서 가장 무기력한 모습을 보이는 경우도 있다. 이런 아빠들에게 물어보면 "그렇다고 마음 편하게 쉴 수 있는 것도 아니다"라며 반문을 한다.

조금 쉬려고 하면 이내 아내의 잔소리와 자녀들이 같이 놀아달라는 아우성으로 쉰다고 해도 쉬는 것도 아니라는 것이다. 잠시만이라도 쉬게 해주면 좋겠지만 현실의 상황은 그리 편치 않은 것이 사실이다.

직장에서 최선을 다하고 열심히 일했기에 집에서라도 조금 더 쉬고 싶은 마음에서 그런 말을 한 것은 이해한다.

하지만 이런 반응은 자칫 "나는 돈을 벌어왔으니 가만히 둬라"라는 반응으로 비칠 수 있고, 지속되면 가족과의 관계는 점점 멀어지게 되거나 결국 아내와의 관계에서 신임을 잃고 자녀와의 관계에서 대화의 끈을 놓칠 수 있다.

아빠로서 해야 하는 일이 밖에 나가서 돈을 벌어오는 것이 전부가 아니다. 가족을 위해 경제를 책임지는 부분은 필요하다. 그렇다고 가족과의 관계에서 아무 것도 하지 않는 것은 잘못된 것이다.

아빠로 사는 삶이 피곤하고 힘들다는 이유로 대화를 하지 않고, 가족들의 이야기에 귀 기울이지 않거나 함께하는 시간을 가지지 않는다면 지금은 조금 편안한 삶을 선택하는 것처럼 보일 수 있지만 결국 가족들에게 점점 소외되는 결과를 가져오게 된다.

삶에 대해 힘들어하는 학생에게 자신에 대해 생각해보는 시간을 가지면서 가족과의 관계에서 작은 것이라도 아빠와 함께한 추억의 기억이 있는지 물어봤다.

학생은 가족과 함께했던 작은 추억을 찾아가는 듯 보였다.
그리고 학생은 말문을 열며 말했다. "아빠에 대한 좋은 추억은 없어요." 그리고 아빠에 관해 이야기해줄 수 있는지 물었을 때 "차라리 집에 안 들어왔으면 좋겠어요."라고 말했다.

학생이 살아온 삶에서 아빠에 대한 좋은 추억이 없었다고 생각하지는 않는다. 하지만 학생은 자신이 살아온 삶에서 아빠의 존재를 느끼지 못했다고 기억하고 있었으며, 아빠는 돈을 버는데 바빠서 자신의 삶에 관심이 없었던 것으로 기억하고 있다고 말했다.

학생은 지나온 시간 속에서 아빠와 함께하면서 추억을 만들고 싶었지만, 함께 추억을 만들 기회가 주어지지 않았고, 아빠와 좋은 관계를 만들기 위해 용기를 내서 다가갔던 적도 몇 번 있었지만, 아빠는 자신의 이야기에 귀 기울여 준 적도 없다고 말했다. 아빠는 엄마와의 관계에서도 어려움이 있었으며 지금은 아빠가 없다고 해서 빈자리가 느껴지지 않을 것 같다고 말했다.

"차라리 아빠가 안 들어오면 지금보다 더 편히 살 수 있을 것 같다"라면서 아빠의 존재를 인정하기 싫어하는 듯한 모습을 보였다.

이후 아빠는 이 말에 당황하고 크게 분노하며 이렇게 말했다.

"내가 얼마나 생각하고 많이 해줬는데… 잘되라고 얼마나 노력했는데…"
"어떻게 나한테 그렇게 말할 수 있어?"

아마도 다른 아빠들도 이런 말을 듣게 된다면 당장 자녀에게 달려가 따지고 싶은 마음이 생길 것이다.

아빠로서 그동안 자녀에게 해준 것이 얼마나 많은지, 자녀와의 관계를 위해서 얼마나 큰 노력을 하려고 했는지에 대해 무시하거나 없다고 말하고 싶은 것은 아니다. 아빠의 노력과 수고와는 달리 자녀는 그런 아빠의 노력과 모습을 볼 만큼 성숙하지 않다는 것이다.

지금 당장 눈에 보이는 것, 함께하고 있는 시간, 필요한 것을 들어주고 함께 이야기하는 것이 더 눈에 띄고 필요하다고 인식할 뿐이다.

어떤 아빠는 "내가 돈을 안 벌면 누가 우리 가족을 먹여 살리라고" 말하며 반문할 수도 있다. 돈을 버는 이유는 무엇인가요? 라는 질문에 가족들이 좀 더 여유 있게 지내고 자녀들이 많은 경험과 배움을 통해 새로운 것을 알고 지금보다 더 멋진 모습을 성장하기 위한 것이라고 말한다. 결국, 돈을 버는 목적 자체가 가족을 위한 것이라고 말하고 있지만, 가족과 함께하는 시간을 가지지 못하고 있는 것은 앞뒤가 맞지 않는 것이다.

무엇이 가족을 위한 것일까? 돈을 버는 것보다 가족들과 소중한 추억을 만들고 그들의 삶을 함께 나누며 좀 더 행복한 삶을 만들어 가는 것이 더 중요한 목적일 것이다.

 돈은 가족과 소중하고 행복한 시간을 만들어주지 않는다. 단지 행복한 추억을 만드는데 조금 더 편리와 여유를 제공할 뿐이다. 행복은 돈으로 절대 살 수 없다. 행복은 가족과 함께하는 시간을 통해 만들어지고, 가족의 목소리에 귀 기울 때 나타나며, 아프고 힘들 때 위로하고 함께하는 것으로 만들어지며 즐겁고 기쁜 소식을 나누고 함께 웃음을 이어갈 때 가정에 가득 펼쳐져 나가는 것이다.

아빠는 돈을 벌어다 주는 기계가 아니다.
많은 아빠는 아빠가 된다는 것은 가족의 행복을 책임지고 자녀가 안전하고 건강하게 자라고, 사회에 선한 영향을 끼치는 존재로 자라기 위해 든든한 버팀목이 되는 것이라고 말한다.

지금 가족과 함께하는 시간을 가져보자. 가족은 행복한 웃음과 즐거운 추억으로 보답할 것이고 말하지 않아도 아빠의 노력과 수고를 인정할 것이다.

가족을 위해 일할 때 가끔은 가슴 속에 넣어두었던 가족과 함께하는 버킷리스트를 꺼내 실천해보면 좋겠다.

놀 줄 모르는 아빠

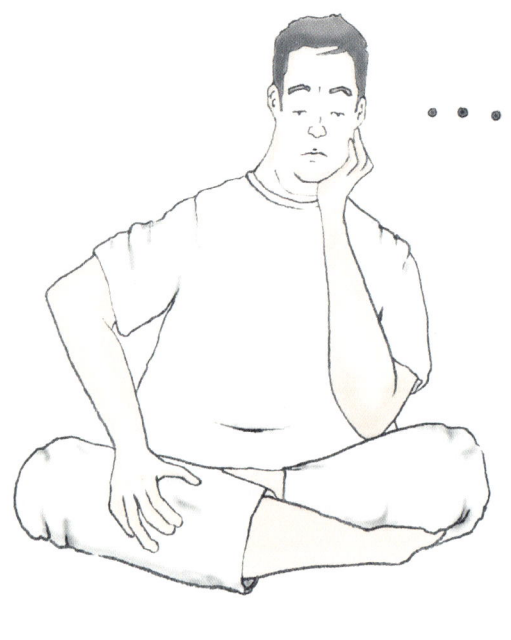

어렸을 때 가장 기억에 남는 것이 있다면 무엇인가요?

어렸을 때의 기억이나 추억을 떠올렸을 때 많은 사람이 친구들과 어울려서 놀았던 것이나 즐거웠던 추억들을 떠올린다. 분명 공부도 하고, 학교도 다녔고 많은 사람을 만났으며, 이런저런 사건들도 있었지만 유독 즐겁게 놀았던 기억이 더 많이 남아있다.

나도 어렸을 때 시골에서 자라면서 겨울이면 냇가에 얼음을 깨서 얼음 배를 타고 놀았던 것과 썰매를 탔던 것, 여름이면 물고기를 잡고 물놀이를 했던 것들이 기억이 난다.

서울로 전학을 온 후에도 학교에서 친구들과 함께 어울려서 놀았던 것과 영화에서 나오던 명장면을 보고 따라 하던 것… 등 친구들과 놀았던 기억은 빼놓을 수 없는 좋은 추억으로 남아있다.

분명 학교에서 국어, 영어, 수학 등 여러 과목을 배우긴 했지만, 그것을 가르쳤던 선생님이나 과목에 관한 내용, 좋은 이야기들도 있겠지만, 대부분은 기억이 잘 나지 않는다. 분명 그때 당시에는 중요하고 기억하지 않으면 안 되는 것으로 생각했을 텐데…. 배우고 익혔던 것들보다 더 기억에 남는 것은 즐겁게 놀았다는 것이다.

지금도 아빠와의 기억에서 잊히지 않는 것이 있다. 무뚝뚝하고 표현을 잘하지 않았던 아빠였지만 가끔 학교 운동장에서 배드민턴을 쳤었다. 아빠를 도저히 이길 수 없다는 것을 알면서도 어떻게든 이기려고 했었고 그런 모습이 귀여워서 그랬는지 안타까워서 그랬는지 모르겠지만 가끔은 게임에서 져주시기도 하셨다. 짧은 시간 아빠와 함께하는 시간이었지만 나에게는 그 시간이 재미있었던 것으로 기억된다.

아빠와 함께하는 시간이 적었던 것이 안타까워서 그랬는지 모르겠지만 조금 더 많은 시간을 아빠와 함께했으면 좋았을 텐데 하는 생각이 든다. 아빠도 나름 시간을 쪼개서 최대한의 시간을 보내려고 했는지는 모르겠지만 어린 나에게는 조금 더 함께하는 시간을 가지고 싶었던 마음이 있었던 것 같다.

지금은 성인이 된 우리를 다시 한번 되돌아보자. 아빠가 되었지만 어린 시절의 이야기를 떠올리고 추억을 되새길 때면 자신도 모르게 알 수 없는 미소를 지으며 그때의 즐거움을 떠올리고 있는 모습을 보게 될 것이다.

또한 "자신에게 다시 시간이 주어진다면 돌아가고 싶은 시간은 언제인가요?"라고 물어보면 대부분 사람은 어린 시절로 돌아가고 싶다고 말한다.

과거로 돌아간다는 것이 불가능하다는 것을 알면서도 그 시절로 돌아가고 싶은 이유는 무엇일까? 어린 시절이 배부르고 풍족했기 때문일까? 아니면 그 시절로 돌아가면 무엇이든 내 마음대로 할 수 있기 때문일까? 아마도 그 시절로 돌아가고 싶은 것은 내 인생을 다시 시작하고 싶은 마음도 있겠지만 가장 큰 이유 중 하나는 아무런 걱정 없이 친구들과 즐겁게 뛰어놀았던 추억들이 있기 때문일 것이다.

그럼 오늘날의 자녀는 어떤가? 마음껏 뛰어놀고 있을까? 요즘 자녀들은 학원을 가지 않으면 놀 친구가 없다고 한다. 실제로 놀이터를 가보더라도 미취학 아동들을 제외하고는 찾아볼 수가 없다. 그렇다고 거리나 운동장에서 아이들의 목소리를 들리는 것도 아니다.

놀지 못하는 자녀는 자신이 누구인지 찾아가는 것에 어려움을 느낀다. 또한, 또래들과 원활한 관계를 만들어 가는 방법을 알지 못해 혼자 보내는 것이 익숙하다고 생각한다.

초등학교 6학년인 학생이 이렇게 말했다. "저는 친구들이 다가오는 것이 부담스러워요" 친구들이 학생과 놀자고 다가올 때면 자신을 째려보는 것 같고 싸움을 거는 것 같아요"라고 말했다. 쉬는 시간이면 친구들과 뛰어놀지 않으며 조용히 교실에서 지낸다고 한다. 그렇게 시간이 지나면서 이제는 친구들과 노는 것이 어색하고 무엇을 하고 놀아야 할지도 모르겠다고 말했다. 어렸을 때도 가족과 시간을 보내기보다 혼자서 지내는 시간이 많았고, 아빠는 화를 내는 일이 많아 무서워서 놀자는 이야기를 못 했다고 한다. 지금도 여전히 아빠는 무서운 분으로 기억하고 있고, 아빠와 함께 놀았던 기억은 전혀 없다고 생각하고 있었다.

다른 자녀는 어떨까? 학교와 학원 등 바쁜 시간을 보내고 있는 학생들에게 어떤 말을 가장 듣고 싶어? 라고 물어보면 첫 번째가 "오늘 학원 쉬어"라는 말이 가장 듣고 싶다고 말한다. 그 시간이 생긴다면 가장하고 싶은 것이 무엇인지 다시 물으면 "마음껏 놀고 싶어요"라고 힘을 주어 말한다.

부모의 관점에서야 매일 놀고 있는데 뭘 더 놀고 싶냐고 반문할 수 있겠지만 우리가 어렸을 때 뛰어놀면서 추억을 만들었던 것처럼 자녀에게 필요한 것은 놀이를 통해 즐거운 추억을 만들고 싶은 마음이 더 크다. 때로는 표현이 서툴러 속마음을 표현 못 할 수도 있지만 즐거운 추억을 만드는 것을 통해 성장 과정에서 어려운 일을 만났을 때 다시 일어날 힘이 생기고, 스스로 무엇인가 해낼 힘을 키운다는 것을 알고 있다.

블로그에 글을 쓰기 시작하면서 최고의 조회 수를 기록했던 것이 있다. 제목은 〈혼자라고 느낄 때〉이다.

실제로 혼자 지내서 외로움을 느끼는 사람도 있겠지만 다른 사람들과 함께하면서도 충분한 소통과 관계가 이루어지지 않아 혼자라고 느끼고 그 안에서 외로움과 허전함을 느끼며 지낸다. 사람들은 혼자라고 느끼는 삶에 대해 외로움을 느낀다고 말한다. 어렸을 때부터 놀이를 통한 관계와 소통을 배우지 못한 자녀는 성인이 되어서도 더불어 살아가는 방법을 알지 못한다. 그들은 외로움 속에서 누군가 먼저 다가오기를 상상하고 있을 뿐이다. 결국, 가족이나 친구들과 놀이를 경험하지 못한 자녀는 함께하는 놀이를 배우지 못하고 타인과 소통과 관계하는 방법 알지 못해 결국 외로움 속에서도 이기적인 존재가 될 수밖에 없다.

 자녀에게 좋은 추억과 건강한 소통 관계를 물려주려고 할 때 아빠와 함께하는 놀이는 매우 중요하다. 아빠의 놀이는 엄마와는 달리 몸으로 하는 놀이와 함께 어울려서 하는 놀이가 많다. 이런 아빠와의 놀이를 통해 자녀는 자연스러운 스킨십과 올바른 힘의 작용을 몸으로 이해하고 사회생활을 간접적으로 경험하게 된다.
 그럼에도 아빠들에게 지금 자녀와 어떤 놀이를 하고 있나요? 자녀들과 마음껏 놀아주고 그들에게 좋은 추억을 얼마나 만들어주고 있나요? 라고 질문하면 대부분 아빠는 "음.. 초등학교 입학 전에는 놀아줬죠"라며 말을 얼버무린다.

 자녀가 어렸을 때는 아빠의 작은 반응에도 웃음으로 반겨주기도 하며 먼저 다가와 재롱을 부리는 모습을 보면서 마음껏 웃는 시간이 많았다고 하지만 자녀가 자라면서 대화도 줄어들게 되고 점점 무엇을 하고 놀아야 할지 모르겠다는 반응을 보인다.

 아동기와 청소년기에 들어간 자녀에게 유아기 때처럼 놀아주자니 유치하다고 말할 것 같고, 학교와 학원을 오가면서 늦은 시간에 귀가하는 시간이 많아지니 이야기할 시간은 줄어들고, 또래와의 관계가 중요시되는 되면서 가족과 이야기하는 시간이 자연스럽게 줄어드는 것처럼 보일 수도 있다.

자연스럽게 가족과의 대화보다 또래와의 관계를 더 중요시하는 것 같아 내심 서운한 마음이 들어 용기를 내서 다가가려고 하면 자녀의 냉담한 반응에 다시 뒤로 물러서야 할 때도 있다. 그래서 자녀가 또래와 어울리는 것을 인정하고 받아들여야겠지? 라고 생각할수록 대화는 더 차단되고 자녀와 함께하는 시간을 점점 멀어지면서 추억을 만들 기회를 사라져간다.

자녀와의 놀이가 어색해지고 조금씩 멀어지고 있다는 것에 익숙해지면 안 된다. 이런 시간이 길어지면 자연스럽게 자녀와 함께하는 놀이와 추억을 만들 기회는 사라지기 때문이다. 결국, 자녀가 성장하면서 아빠와 함께하지 않으려 하고 어색한 관계는 더 깊어질 뿐이다. 아빠와의 좋은 추억을 만들지 못하는 자녀는 또래와의 관계를 통해 자신의 존재감을 더 확인하려고 하거나 연예인을 따라다니면서 자신의 추억을 만들려고 한다. 또래와의 관계와 연예인을 좋아하는 것은 자녀가 성장하면서 자연스러운 현상일 수 있지만, 아빠와의 관계가 멀어진 자녀는 가족과의 관계를 차단하면서 자신만의 외로움을 달래는 수단으로 생각할 수도 있다. 반면 아빠와의 좋은 추억이 있는 자녀는 또래와의 관계와 연예인을 좋아하는 것은 같을 수 있지만, 자신이 무엇을 좋아하고 누구와 친하게 지내는지에 대해 가족과 공유하고 사소한 것도 함께 나누려고 하는 것에서 차이가 생긴다.

아빠와의 좋은 추억을 더는 만들지 못한다고 느끼는 자녀는 아빠와의 관계를 물을 때 이렇게 말한다.

"아빠하고 이야기하고 싶지만 말하기 어려워요."
"아빠하고 이야기하면 답답해서 말하기 싫어요"

반면 아빠들은 자녀의 말을 듣고서 이렇게 말한다.
"내가 얼마나 가까워지려고 노력하는데"
"그렇게 잘해줘도 소용없다니까!"
라고 말하면서 아쉬움이 가득한 말을 내뱉는다.

자녀가 아빠와의 대화가 어렵고 힘들다고 말할 수 있지만 그들의 속마음은 "난 지금도 여전히 아빠와 이야기하고 싶고 좋은 추억을 만들고 싶어요."라는 마음이 있다. 하지만 아빠와의 놀이와 즐거운 추억을 경험하지 못한 자녀는 아빠와 함께하는 시간을 어떻게 보내야 할지 알지 못한다.

자녀와 놀이를 한다는 말이 아빠들에게 부담이 될 수도 있을 것이다. 왜냐하면, 놀이라고 했을 때 유아기 때처럼 놀아주는 것으로 생각하기 때문이다. 하지만 놀이라고 해서 유아기 때처럼 놀아주는 것을 의미하지는 않는다. 유아기 때는 유아기 때의 놀이 방식이 있는 것처럼, 아동기와 청소년기에는 그에 따라 필요한 놀이가 있다. 시기에 적절한 놀이는 자녀가 성장 과정 및 사회생활을 할 때 사람들과 관계하며 소통하는 다양한 방식을 알고 더불어 살아가는데 필요한 기본적이고도 전문적인 기술이 들어 있는 것이 놀이이다.

 자녀는 아빠와의 놀이를 통해 사회성을 배워나간다. 아빠와의 놀이가 잘 된 자녀는 사람들과의 관계에서 긍정적인 시선으로 세상을 바라본다. 놀이는 단순히 시간을 보내기 위한 수단이 아니라 자신을 알아가고 사람들과의 관계를 어떻게 할 수 있으며, 어려운 문제 앞에서 어떻게 해결해 나갈지를 배우는 가장 단순하면서도 어려운 기술을 배우는 것이다.
 어렸을 때의 추억 대부분이 놀이로 기억되고 있듯이 성인이 된 지금도 놀이를 할 때 시간 가는지 모를 때가 많다. 그렇게 한참을 재미있고 놀고 나면 상대방과의 거리가 한층 가까워졌다는 것을 알게 된다. 그렇기에 더욱 자녀에게 있어서 놀이는 빠질 수 없이 중요한 것이다.

어린 자녀이든 청소년이든 성인이든 모두가 대화하기 원하고 함께하며 놀 수 있는 사람을 찾는데 그 대상은 첫 번째로 가족이다.

나를 가장 아껴주고 힘들 때 함께 해줄 수 있는 사람이 가족이었으면 한다. 하지만 아빠들은 여전히 주어진 일을 한다. 가족을 위한다는 말로 위안으로 삼으며 일을 하는 것이라고 말하지만 정작 가족을 위한 대화나 관심에 대해서는 귀 기울이지 않는다. 그러면서 나는 자녀들과 노는 방법을 모른다고 하고, 무엇을 하고 지내야 할지 모른다고 말한다.

자녀와 함께하는 놀이를 잘하는 방법은 무엇일까?
자녀와의 관계가 어색하고 힘들 때 그들과 조금 더 가깝게 지낼 방법은 무엇일까? 그것은 그들의 말에 귀 기울이고 무엇이 필요한지 물어보는 것에서부터 시작할 수 있다.

"뭐 하고 놀까?"
"요즘 관심 있는 것이 뭐야?"
"이번 주말에 아빠하고 같이 하고 싶은 것이 있을까?"

그동안 자녀와의 관계 속에서 소통하고 즐겁게 놀 수 있었다고 한다면 자녀들은 함께 할 수 있는 다양한 방법을 많이 제시할 것이다.

하지만 아이들과의 소통과 놀이가 익숙하지 않다면 "갑자기 왜 그런 말을 한데?"라고 말하거나 "몰라"라고 말하며 피하고 있을 수 있다.

자녀와 친해지고 싶은 마음으로 던진 아빠의 말에 자녀는 거리를 좁혀지지 않고 어색함이 유지된다고 해서 포기할 이유는 없다. 겉으로는 냉담한 듯 반응하고 표현을 하지 않으려는 것처럼 보일지 모르지만, 자신의 삶에 관심을 가지고 다가오는 아빠가 어색해서 그렇게 표현할 뿐 내심 자신의 삶에 관심을 보이는 모습에 어색하면서도 좋아할 것이다. 그렇기에 충분히 시간을 두고 그들에게 조금씩 다가가려 노력하는 것이 중요하다.

또한, 자녀에게 다가갈 때 주의해야 할 것은 해결책을 주기보다 스스로 결정하고 할 수 있도록 지지자가 되어주는 것이다. 이런 것이 반복될 때 자녀들은 닫혔던 마음을 열고 자신의 마음을 알아주는 아빠에게 한 걸음 다가올 것이다.

유아기 때와 청소년기에 보여지는 아빠의 모습

자녀들이 태어났을 때의 기억은 부모라면 누구나 기억하고 있을 것이다. 나 역시 아이가 태어났을 때의 일을 생생히 기억하고 있고, 자녀가 태어났을 때의 기쁨은 무엇이라 표현하기 어려울 만큼 감격스럽고 내 생애 가장 최고의 순간이라 말하기에도 부족하지 않을 만큼 소중한 시간이었기에 그 시절을 떠올리는 것만으로도 나와 가족의 소중함을 절실히 느끼게 한다.

자녀가 태어나는 순간과 성장하는 과정에서 변하는 자녀의 모습은 삶의 행복이고 즐거움이다. 자녀가 방긋 웃어주는 순간은 무엇으로 표현하지 못할 만큼 감격스러운 일로 기억된다. 반면 조금이라도 아픈 날이 있을 때면 내 가슴이 미어지는 것처럼 아프지만 이내 마음을 추스르며 병원으로 달렸던 기억도 있다. 생애 처음으로 엄마, 아빠라는 말을 하는 순간과 걸음을 걷기 위해 노력했던 기억은 영원히 그 자리에 멈춰 있기를 바랄 만큼 소중한 기억이 되었으면 하는 마음도 있었다.

자녀와의 소중한 시간은 어떤 시간보다 빨리 지나가고 있음을 알면서도 늘 지금처럼만 같은 날이 지속하길 바라기도 했었다. 그렇게 지나가는 시간이 아쉬워 지금의 추억을 눈과 마음에 담는 것을 넘어 사진으로 기록하기도 했었다. 자녀와 지내면서 함께 하지 못하는 시간이 길어질 때면 안타까운 마음도 있었지만, 자녀들은 바쁜 아빠를 이해라도 하듯이 언제나 다가와 밝은 미소를 던진다. 마치 자녀 또한 자신과 함께하는 아빠와의 시간을 놓치고 싶지 않은 듯이 아빠와의 즐거운 시간을 마음껏 즐겼다.

"난 커서 아빠처럼 될 거야"
"난 나중에 아빠랑 결혼할 거야"

이렇게 말하는 자녀를 볼 때면 자녀를 잘 낳았다는 마음과 아빠가 되었다는 뿌듯함이 마치 세상의 주인공이 된 것 같은 마음이 생기기도 했다. 무엇이든 스스로 하려고 하고, 작은 것에도 관심을 보이며 끊임없는 질문을 하고, 새로운 것을 빨리 배워가는 모습을 볼 때면 혹시 천재가 아닐까? 라는 생각에도 빠질 만큼 자녀의 모든 행동과 표현은 세상의 어떤 것과도 바꿀 수 없는 소중함이 된다.

아빠가 되면서 가장 뿌듯하고 행복한 시간이었으며, 한 가정을 이룬 자신에게 뿌듯함과 감사함을 무한정 느끼며 하루를 살아가는 의미를 찾을 수 있는 시간이다. 이것은 나의 이야기만은 아닐 것이다. 세상의 많은 아빠가 이런 마음을 가지고 있을 것이고, 자녀와의 관계의 소중함을 마음껏 발견하는 시간일 것이다.

그럼 유아기 자녀는 아빠에 대해 어떻게 생각할까?
아빠로서 자녀에 대해 생각하는 것처럼 자녀도 생각할까?

이 시기의 자녀가 바라보는 아빠는 절대자이다. 아빠가 존재하는 것만으로도 세상 모든 것을 가졌다고 생각하고 어떤 위험이나 어려운 일이와도 아빠가 있는 한 걱정이 없다는 자신감을 가지게 된다. 그로 인해 주변의 위험이 자신을 무너뜨리지 못한다는 믿음을 가지게 된다. 마치 신앙이 있다면 아빠를 신과 동일하게 생각하게 되는 데 어려운 일을 만났을 때 "아빠" 하고 부르면 언제든지 달려와 자신의 문제를 해결해 줄 존재로 믿는다.

이런 과정을 지나면서 자녀는 아빠에 대한 신뢰를 넘어 자신에게도 무한한 능력이 있다고 믿는다. 성장하는 과정에서 아빠와의 소중한 기억을 많이 가지고 있는 자녀는 성장하여 홀로 서야 하는 때에 더는 아빠가 옆에 없어도 늘 자신을 지켜주고 있다는 믿음을 가지게 된다. 그래서 좌절과 어려움을 겪고 있을 때라도 아빠에 대한 신뢰감은 자신에 대한 긍정성을 가지게 되고 어려운 일 앞에서도 좌절보다 당당함으로 이겨나갈 힘을 가지게 된다.

스스로 세상에서 당당한 존재가 되기 위해 자녀는 더욱 아빠와의 소중한 기억을 간직하기 위해 노력하며 그 노력이 남자아이는 아빠를 닮아가려는 모습을 보이며 행동, 말투, 심지어 버리고 싶은 습관까지 따라 하려는 모습을 보인다.

여자아이는 세상에서 가장 사랑하는 사람이 아빠라고 생각하게 되어 "나는 커서 아빠랑 결혼할 거야"라는 말로 아빠와 함께하고 싶은 마음을 표현한다. 그래서 자신이 가장 사랑하는 아빠와 결혼한 엄마를 동경하게 되어 엄마와 같은 모습으로 성장하려는 모습을 보인다.

하지만 성별과 상관없이 자녀는 아빠와 엄마의 모습을 고스란히 가지고 가장 사랑하는 사람의 모습을 닮아가려는 모습을 보인다.

이 시기의 자녀는 부모의 단점을 보지 않는다. 아니 단점조차도 장점으로 보면서 아빠에 대한 모든 것을 사랑하려고 한다. 아빠는 자녀에게 있어 세상에서 가장 소중한 사람이며 또한 절대자로 인식하고 무한한 능력을 가진 존재와 함께 할 때 자신이 안정감과 편안함을 누릴 수 있다는 것을 알기 때문이다.

잠깐 쉬어가면서 하나의 이야기를 나눠보려고 한다.
결혼식에 축하하러 갈 때면 많은 부분에서 느끼게 되는 것이 있는데 그것은 서로 다른 두 사람이 만났는데도 서로 닮은 모습을 보인다는 것이다.

"왜 그럴까?"

한 방송에서 이성에 대한 호기심을 갖는 것을 실험하기 위해 결혼을 하지 않은 남녀를 모아 실험을 하였다. 이성의 사진을 보여주며 누구를 선택하는지를 살펴보는 실험이었는데 실험의 결과 많은 남녀가 가장 호감이 가고 마음에 드는 사람이라고 선택한 사진을 모아보았다. 그런데 놀랍게도 자신의 모습을 이성화한 사진에 호감을 느끼는 것을 발견하게 되었다.

또한, 실제로 결혼한 커플을 조사했을 때 이성을 선택한 이유와 살아가는 패턴을 봤을 때 유아기 때 경험한 아빠와 엄마에 대한 호감으로 남자는 엄마를 닮은 사람을 여자는 아빠를 닮은 사람을 선택했다는 결과가 있었고, 결혼 후 살아가는 삶을 볼 때 어렸을 때 경험한 아빠와 엄마의 모습을 따라 살아가는 모습을 보인다는 결과를 보이기도 했다.

 자녀는 유아기 때 경험한 부모에 대한 기억을 무의식 속에 담아두며 그 모습을 닮아가거나 찾으려는 모습을 보인다. 그래서 지금 있는 부모와의 소중한 기억을 온몸과 신경세포에 담기 위해 많은 노력을 한다. 그래서 아빠의 부족한 부분보다 절대적으로 보이는 아빠에 대한 신뢰로 인해 아빠는 세상에서 가장 좋은 사람으로 기억되고 싶어 한다.

 청소년기를 지나는 자녀는 어떨까?
 성장 과정을 지나면서 세상에서 가장 소중한 아빠와의 추억을 만들기 원하던 자녀는 아동기와 청소년기를 지나면서 무한정 신뢰하고 믿었던 아빠의 약하고 부족함을 발견하게 된다. 그로 인해 실망과 좌절을 경험하게 되는데 무한정 믿었던 아빠에 대한 믿음과 무엇이든 해줄 수 있다고 믿었던 아빠의 약한 부분을 발견하게 되면서 스스로 무엇인가 찾아가며 해결하려는 모습을 보인다. 그 결과 반항적이거나 말끝마다 툴툴거리는 모습을 보이기도 하며 가족보다는 또래와의 관계에서 또 다른 사회 구성원을 만들어 자신의 세상을 만들려는 노력을 보인다.

자녀가 청소년기에 접어들었을 때 부모는 크게 두 가지의 모습을 보이는데 자녀의 변화된 모습에 부모는 크게 낙심하며 실망하는 모습을 보이며 "예전에는 저러지 않았는데"라며 답답함을 호소하기도 하며, 자녀의 행동을 사춘기라는 이유로 "때가 지나면 해결되겠지?"라며 막연한 생각으로 무덤덤하게 넘어가려는 모습을 보이기도 한다.

 하지만 자녀가 사춘기에 접어들었을 때 크게 낙심할 이유도 없지만 그렇다고 무덤덤하게 아무렇지 않게 대하는 것도 괜찮은 것은 아니다. 오히려 자녀의 변화된 모습을 들여다보고 함께하는 시간을 가지려 하는 것이 중요하다.

 만약 자녀가 성장하는 과정에서 즐거운 추억을 만들지 못했다면 자녀는 "아빠는 더는 나와 시간을 보낼 수 없다"라는 마음의 결정을 하면서 스스로 놀이를 찾거나 아빠와의 관계에서 점점 멀어지는 모습을 보인다. 아빠와의 긍정적인 관계를 맺지 못한 자녀의 행동을 살펴보면 대화를 차단하고, 아빠의 말 한마디에도 툴툴거리며, 같은 공간에 있는 것을 힘들어하고, 자신의 공간에 머무는 시간이 많아진다.

 이런 행동이나 모습을 보이는 것은 어느 날 갑자기 일어나는 모습이 아니다. 어렸을 때부터 아빠에게 많은 표현을 하면서 함께 해달라고 말했지만, 자신의 이야기를 들어주지 않거나 함께하는 시간이 적어지면서 점점 "아빠는 나와 함께 할 수 없어"라는 생각을 하게 되는 것이다.

청소년기도 유아기 때의 모습처럼 아빠에 대한 무한 긍정이 있으면 좋겠지만 많은 청소년은 아빠에 대한 믿음과 신뢰감을 가지고 든든한 지원군이 되기 원하면서도 반면 부족한 부분을 찾으려는 모습을 보인다.

청소년들은 이 시기를 지나면서 아빠에 대한 좋은 기억을 가지기 원하면서도 동시에 아빠를 뛰어넘고 싶어 하는 마음이 생겨나는데 이것을 증명하기 원하는 것처럼 자신의 우월감을 나타내려는 모습으로 스스로 무엇인가 해보려는 모습을 보인다.

유아기 때부터 아빠와의 좋은 관계의 기억이 적은 자녀는 아빠에 대한 부족함과 약함을 발견해나가면서 불신이 커지게 되어 점점 거리를 더 멀리하려고 한다. 이 시기의 자녀에게 있어 아빠는 더는 절대자가 아니라 뛰어넘고 싶은 존재로 생각하며 아빠를 뛰어넘음으로 자신의 우월성을 더 나타내고 싶어 하는 시기이다.

아빠에 대한 부족한 부분이 보이기 시작하면서 청소년기 자녀는 아빠의 의견을 무시하거나 자기 생각이 옳다는 관점으로 바뀌기 시작하게 되는데 이로 인해 아빠와의 잦은 마찰과 갈등뿐 아니라 사회에 대한 불만을 품기도 한다. 이 상황들이 반복될 때 자녀의 마음을 알아주지 않게 되면 더 깊은 갈등 관계를 만들게 되고 가족과의 갈등이 더 지속이 된다.

 하지만 자녀의 이런 행동은 절대로 가족과 멀어지려는 방법을 찾는 것이 아니라 자신의 우월성을 나타내고 절대자였던 아빠를 뛰어넘기 위한 행동을 가지려 하는 것에서 시작한다. 아빠를 뛰어넘고 싶은 우월성을 가지고 있지만 어떻게 표현하고 해야 할지 알지 못해 가족 관계에서 불평과 짜증으로 자신의 감정을 표현하는 미숙한 부분을 보인다.

 자녀와의 관계에서 유·아동기에 미처 위기를 경험하지 못했던 아빠는 이런 자녀의 모습에 당황해하며 이 사건들을 어떻게 극복하고 해결해야 할지 알지 못한다. 그래서 자녀의 행동을 보고 참고 견디면 되는지 알고 있다. 평소 자신의 감정전달을 잘하지 못하고 감정표현에 익숙하지 않은 아빠는 감정을 표현하는 방법을 알지 못해 화로 표현하게 되는데 이런 표현은 결국 자녀가 "아빠는 내가 이렇게 힘든 순간에도 내 편이 안 되는구나"라는 생각을 가지게 만든다.

이 시기를 무조건 부정적으로 봐야만 할까?

유아기 때 자녀가 아빠에 대한 절대적 존재로 생각했던 것처럼 청소년기 자녀는 아빠에 대한 부족한 부분을 보고 뛰어넘으려고 생각하는 것은 당연하다. 이 시기는 자녀가 성장하는 과정에 있어서 매우 중요하다. 그렇다고 자녀들이 삐뚤어지거나 반항적 행동이 지속되고 부정적 생각을 하는 것들까지 긍정적으로 이야기하고 싶은 것은 아니다. 단지 자녀가 청소년기를 지나면서 자신의 정체성을 찾아가고 아빠보다 더 나은 삶을 살아가려고 선택하는 것에 대해 생각해봤으면 좋겠다는 것이다. 자녀가 아빠에 대해 부족한 부분을 발견하고, 사회에 대해 비판적 시선으로 바라보는 과정은 자신에게 더 나은 내일을 준비하는 성장 과정에 있어서 매우 중요하기 때문이다.

아빠가 된 우리 역시 이런 과정을 통해서 사회 속에서 영향을 끼치는 존재로 살아가고 있고 이런 노력으로 좀 더 나은 내일을 만들고 있는 것 아닌가? 또한, 이런 과정을 지나왔기에 지금도 부족하지만 조금 더 좋은 아빠로 지내려고 하는 것은 아닐까?

성장을 꿈꾸고 보다 나은 내일을 준비하는 자녀에게 필요한 것은 좋은 어른을 만나는 것이다. 청소년기 자녀는 자신이 꿈꾸고 살아갈 수 있는 세상을 그리며 좋은 모델을 필요로 한다. 그것이 아빠로서도 좋은 모델이 될 수 있지만, 청소년기의 자녀에게 또 다른 롤 모델을 소개해주는 것이 중요하다. 청소년기 자녀는 좋은 롤 모델을 만나는 것을 통해 사회는 살만한 곳이라는 인식하게 되고 좋은 세상을 만들 이유와 자신이 살아가야 할 세상을 꿈꾸게 된다.

그러나 무엇보다 중요한 것은 유아기 때 무한한 신뢰와 믿음, 든든함을 제공했던 아빠가 좋은 어른이 되는 것이 중요하다. 유, 아동기에 절대자로 보이며 놀아주던 아빠의 모습을 넘어 자신이 성장하는 과정에서 더 나은 내일을 준비할 수 있게 도와주는 어른을 필요로 할 때 주변에서 자녀의 성장에 필요한 어른을 찾을 수도 있겠지만 가장 좋은 어른은 아빠가 될 수 있다.

자녀가 청소년으로 살아갈 때 유아기 때 놀아주던 모습에서 머무는 것이 아니라 아빠도 함께 성장해야 한다. 자녀의 질문과 고민에 함께 머물러 주고, 인생에 대해 고민을 하며 무엇을 선택해야 좋을지 묻는 자녀에게 든든한 지원군이 되어주어야 한다. 자신 옆에서 지켜주고 기댈 수 있다는 것을 알려주는 것만으로도 자녀는 다시금 아빠에 대한 무한 신뢰와 긍정적 힘을 가지고 자신의 미래와 사회에 대해 충분히 도전할 만한 가치가 있다고 믿게 된다. 언제나 옆에서 힘이 되어주는 아빠를 향해 자녀는 다시금 무한한 긍정적 힘을 가지게 될 것이다.

청소년기 자녀가 바라보는 아빠에 대한 생각

앞에서 이야기했지만 왜 유아기와 아동기를 지나면서 유, 아동기에 부모가 절대자로 기억하고 "아빠가 좋아"라고 하고 난 커서 "아빠처럼 될 거야", "난 아빠랑 결혼할 거야"라고 말했던 자녀가 무엇 때문에 청소년기에 들어서면서 아빠와의 대화를 최소화하고 거리를 두려는 듯한 모습을 보이는 것일까?

그런 자녀에게 다가가기 위해 아빠로서 노력도 해보지만, 무엇이 문제인지 접근이 쉽지 않고 사소한 이야기와 상황에도 짜증을 내거나 "아빠는 아무것도 모르면서"라는 말로 거리를 두려고 하는 것일까?

혹시 청소년기가 되면 아빠에게 짜증을 내고 관계를 멀게만 하는 것 같은 모습을 볼 때면 "혹시 내가 무엇을 잘못한 것은 아닐까?", "갑자기 왜 그래?… 버릇없이…" 등 부정적인 생각이 들 때가 있다.

청소년기에 들어서면서 신체적인 변화와 심리적인 변화를 일으키는 자녀를 단순히 사춘기라고 인정하기에는 때로는 지나친 듯한 모습을 보이고, 부모와의 관계에서 벗어나 성인이 되기 위한 준비라고 말하기에는 자녀의 행동이 걱정스러울 때도 많아서 그럴 수도 있겠다고 생각하며 지나치기에는 어려운 부분이 하나둘이 아니다. 그뿐만 아니라 자녀의 이런 행동을 용납하고 이해하기보다 그냥 지나치기에는 도가 넘은 일도 있다.

J 학생은 "전 상담을 할 일이 없는데요"라며 상담에 대한 부정적인 모습을 보였으며 "상담을 할 필요가 없으니 저를 그냥 가만히 두시죠?"라는 속마음을 내비쳤다. 하지만 상담을 통해 학생의 마음속 이야기를 듣게 되면서 해야 할 이야기가 많다는 것을 알게 되었다. 학생은 지금처럼 지내는 자신의 모습에 대해 걱정하고 있으며 지금처럼 지내면 앞으로 성장하는 과정에서 아무것도 하지 못할 것이라는 위기의식을 느끼고 있다고 말했다. "전 해야 할 것이 있는데 왜 계속해서 미루는지 모르겠어요" 이런 모습을 보는 부모님이 화를 내시는 것을 볼 때면 먼저 자신의 이야기를 부모님께 꺼내고 하나씩 변하려고 노력해야 한다는 것을 알고 있지만, 반복되는 행동으로 인해 부모님과 다툼이 생기게 되었다고 말했다. 부모님이 자신의 행동으로 인해 화를 내고 싫어한다는 것을 알고 있다고 하면서도 화를 내시는 모습을 볼 때면 "그러니까 더 반항하게 되고 하지 않게 되더라고요 이제는 아빠와는 절대로 말하지 않을 거예요."라며 그동안 숨겨두었던 속마음을 꺼냈다.

자신이 어렵고 힘들 때 "그냥 들어주고 같이 고민해주면 좋을 텐데"라며 아쉬움과 화난 마음을 내놓기 시작하면서 학생과 상담을 이어갈 수 있었고, 자신의 마음을 알아주지 못한 부모에게 반항하기 위해 더 그런 행동을 한 것 같다는 마음의 이야기를 비로소 꺼냈다.

그동안 숨겨진 자신의 마음을 꺼내고 나서야 학생은 자신의 문제를 돌아보며 "사실 제가 가장 두려워하는 것은 챙겨야 할 것을 챙기지 않는 것이 아니라 해야 할 것을 미루는 모습 때문에 부모님과 다투게 되고 결국 부모님과 관계가 멀어지는 것이 가장 두려웠어요"

학생의 아빠와 상담 중 자녀의 속마음과 이야기를 꺼내놓자 "해달라고 하는 것을 거의 해주려고 하는데 뭐가 문제인지 모르겠네요."라고 말문을 열었지만 아빠 역시 자녀의 반복된 행동으로 상처를 가지고 있었으며, 그동안 힘들었던 마음을 표현하였다. 아빠 역시 자녀와의 갈등에서 있었던 문제 이야기를 듣고 자신의 이야기를 하면서 마음을 열게 되었다. 그 후 진짜 속마음을 표현하면서 자녀가 힘들었던 상황을 생각하며 "많이 힘들었겠구나"라며 걱정하는 모습을 보였다.

J 아빠는 자녀를 위한 마음에서 시작이 되었고, 자녀를 생각하는 마음이 있었지만, 부정적인 언어와 비난의 언어를 사용함으로써 서로에게 상처를 주고 있었다. 그로 인해 서로에게 잘되기 바라는 마음과는 달리 더는 다가오지 못하도록 거리감을 두고 있었던 것이다.

부모와의 관계에서 자녀가 멀어지는 또 다른 이유는 무엇일까? 한 가지로 결정하고 말할 수는 없겠지만 부모와의 관계에서 멀어지는 요인을 크게 볼 때 소통의 부재, 관계의 부재, 인정받고 있지 않음에 대한 부재가 있다.

첫째, 소통의 부재이다. 소통이란 서로 이야기를 하고 감정전달이 원활한 것을 말한다. 하지만 아빠는 자녀와의 관계와 소통에서 무엇인가 해주는 것으로 생각할 때가 있다. 무엇을 해주는 것으로 관계와 소통을 하고 있다고 생각하는 것이다. 하지만 소통은 무엇을 해주는 것이 아니라 상대방이 무엇을 이야기하려는지 들어주는 것이고, 상대가 관심이 있는 것이 무엇인지 알고 함께하는 것이다.

자녀가 어렸을 때는 바쁘다는 이유와 힘들다는 이유, 무엇을 하고 지내야 할지 모르겠다는 이유 등으로 인해 자녀와 이야기할 기회를 놓치는 경우가 많다. 또한, 자녀가 성장하면서 대화의 주제와 놀이의 방법이 달라지면서 자녀에게 어떻게 다가가야 할지 알지 못하겠다고 말하기도 한다. 그렇다고 이런 시간을 무심히 지나치다 보면 서서히 자녀와의 소통의 기회를 놓친다.

자녀는 이야기를 들어주고 같은 것을 공유하고, 서로의 생각 차이를 알아가는 것만으로도 아빠가 나의 편이며 나에 대한 기대하고 있다고 생각한다.

자녀가 태어나서 성장하는 과정을 지나면서 때에 맞는 소통이 있다. 유아기 때 자녀에게는 부모와의 놀이와 눈 맞춤, 스킨십 등을 통해 소통이 이뤄질 때 부모가 자신과 함께 있다는 것을 발견하게 되고 이런 관계를 통해 언제나 자신의 편이 되어 든든한 지지자가 되어준다고 생각한다.

하지만 청소년기가 되면서 자녀의 유아기 때 방식으로 눈 맞춤과 놀이, 스킨십을 통한 방법으로는 충분한 소통을 하기에는 어려움이 있다. 청소년기의 소통 방법은 그들의 이야기를 듣고 무엇이 고민인지 들어주며, 같은 공간에 머물러 주는 시간이 필요하며, 자녀가 하려는 것을 지지하되 아빠의 도움이 필요로 할 때 언제든지 자녀와 함께할 수 있다는 확신이 있는 버팀목이 되어줘야 한다.
이 시기의 자녀에게 필요한 것은 걱정 없이 지낼 수 있는 완벽한 상황을 만들어

주기보다 다양한 상황을 경험하게 하고 실패와 어려움이 있지만, 자신의 삶을 스스로 선택하며 알아가는 과정에서도 옆에서 응원하는 아빠가 있다는 것을 알려주는 것이 중요하다.

또한, 이 시기의 자녀는 살아보지 못한 미래에 대해 불확실함으로 인해 두려움을 가지고 있는 시기이다. 자녀는 미래에 대해 불안해하며 자신의 행동과 삶이 미래에 부정적인 영향을 끼치지 않을까 하는 두려움을 가지기도 한다. 이런 불안감은 자신의 능력을 과소평가하거나 자신에 대한 부정적인 생각을 하게 되어 결국 실패하지 않을까 하는 마음을 가지게 한다. 이때 "아빠도 너와 같았을 때가 있었어"라는 말은 자녀의 불안과 불확실한 미래에 대해 믿고 의지하던 아빠도 그 시기에 어려움을 겪었다는 것을 생각하며 자신도 할 수 있다는 자신감을 가지게 된다.

둘째로 관계의 부재이다. 관계란 함께하고 있음을 느끼고 그 안에서 안정감을 누리는 것이다. 하지만 아빠들은 관계의 중요성에 대해 알고는 있지만, 현실적인 문제들로 인해 "자녀와 함께할 시간이 없어요."라고 말한다. 아침에 일찍 출근하고 퇴근해서 귀가하면 늦어지는 경우들이 많고, 주말이면 그동안 쌓인 피로로 인해 아무것도 안 하고 쉬고 싶을 때가 많다고 하거나 대화도 하고 좋은 관계를 만들어야 한다는 것은 알고 있지만 "그게 참 힘드네요."라고 말하기도 한다.

 하지만 자녀는 아빠들이 생각하는 것처럼 엄청나게 시간을 들여서 이야기하거나 많은 시간을 함께해주는 것을 원하는 것이 아니다. 자녀도 아빠가 얼마나 피곤하고 힘들게 일하는지 짐작으로 알고 있다. 단지 자녀가 바라는 것은 짧은 시간이라도 자신의 이야기를 들어주는 시간을 원하는 것이고 자신의 이야기에 함께 호응하며 잠깐이라도 같이 머무는 시간을 원하고 있다.

 소통이 되지 않으면 좋은 관계를 이어나가는 것은 어렵다. 좋은 관계는 나와 상대의 원하는 것을 알 때 서로를 이해할 수 있게 된다. 서로가 이해받는다고 생각이 들었을 때 마음이 열리고 상대와 말을 주고받는 대화가 될 때 "나의 이야기를 들어주고 있구나"라고 생각하게 된다. 이런 관계가 쌓이면 "저 사람은 항상 내 편이 되어주는구나"라고 믿음을 가지게 된다. 이런 관계는 마법처럼 어느 한순간에 이루어지지 않는다. 어쩌면 좋은 관계를 만들어 가는 데 있어 충분한 시간이 필요할 수도 있다. 좋은 관계를 만들어 가기 위한 충분한 시간을 가지는 것은 그만한 가치가 있으므로 인내하는 충분한 시간을 필요로 한다.

관계와 소통을 이야기할 때 어떤 아빠들은 특정한 지역 사람이기 때문에 말수가 적거나 표현이 적다고 말한다. 그리고 "꼭 말을 해야만 하나요?"라고 말하기도 한다. 하지만 자녀는 아빠가 어느 지역 사람이든, 어떤 일을 하는지는 중요하지 않다. 단지 아빠와의 소중한 시간을 함께하기 원하며 소통하고 좋은 관계를 이어나가기 원하고 있다.

자녀와의 거리가 멀다고 느껴지고 있다면 더는 지체하지 말고 조금씩 먼저 마음을 열고 다가가면 좋겠다. 아빠가 먼저 마음을 열 때 자녀들은 마음을 열고 다가와 좋은 관계를 맺을 수 있을 것이다.

셋째로 알아주지 않음에 대한 부재다. 안다는 것은 내가 이해하고 아는 것도 중요하지만 상대방도 같은 마음을 느낄 때 서로 안다고 말할 수 있다.

혹 나는 잘하고 있다고 생각하는데도 자녀와의 관계가 멀어지고 있다고 느낀다면 아마도 자녀는 "나를 알아주지 않는구나!" 하고 느끼고 있을 가능성이 크다. 이 말에 아빠로서 서운한 마음이 들면서 "내가 얼마나 많은 것을 해주려고 노력했는데" 라며 반문할 수도 있겠지만 자녀에게 표현되지 않고 숨겨진 마음을 알아차리기에는 아직 어리기에 아빠의 진짜 마음을 알아차리기 어렵다. 자녀와의 좋은 관계와 소통이 이뤄지지 않고 있다면 자녀가 원하는 것을 해줬는지 먼저 생각해보는 것이 필요하다.

 세상에서 가장 사랑하는 사람을 위해 소중하고 귀한 것을 선물하고 싶어 하던 한 사람이 있다고 생각해보자. 자신이 사랑하는 그 사람은 세상의 어떤 것보다 귀한 사람이라고 생각했기에 자신이 줄 수 있는 최고의 것을 선물하기 위해 다른 곳에서 일하고 돌아오겠다며 먼 길을 떠났다. 오랜 세월에 걸쳐 세상에서 귀한 것을 찾아다녔고 드디어 가장 귀하고 소중한 것을 구했다.

사랑하는 사람에게 주기 위해 서둘러 돌아왔고 그 사람을 찾았지만 이미 결혼을 하고 난 후였다. "내가 너를 얼마나 사랑하는데 너를 위해 이렇게 소중한 것을 가지고 왔는데 어떻게 나한테 이럴 수 있어?"라며 하소연하였다. 하지만 이미 결혼한 사람은 "나에게 가장 소중한 것은 옆에서 함께해주는 거였어"라며 그 자리를 떠날 수밖에 없었다.

 상대에게 있어 세상에서 가장 귀하고 값진 선물이 무엇일까? 세상에서 가장 귀한 것은 내가 생각하고 준비하는 것이 아니다. 상대에게 소중한 것을 알기 위해서는 상대에게 물어보는 것이 중요하다. 아무리 소중하고 귀한 것이라 하더라도 상대방이 필요하지 않은 것이라면 그것은 가치 있는 선물이 될 수 없다. 내 기준에서 상대를 이해하고 잘해줬다고 생각하는 것은 중요하지 않다. 이것은 마치 내 기준에서 귀한 선물을 줬다고 생각하고 있는 것과 같다. 상대를 알아준다는 것은 그 사람의 이야기에 귀 기울이고 들어줌으로 "내 이야기를 들어주고 있구나" 라는 것을 느끼게 하는 것이다.

"네가 한 말이 이 뜻이 맞아? 아빠는 이렇게 이해했는데 이 뜻이 맞니?" 라고 물어보는 것만으로도 상대는 자신의 이야기를 듣고 있다고 믿는다.

소통의 부재, 관계의 부재, 알아주지 않음에 대한 부재가 쌓일 때 자녀는 가족과의 관계에서 멀어지고 마음의 문을 닫는다. 그로 인해 자신을 이해하고 이야기를 들어주는 쪽으로 방향으로 마음을 돌린다. 닫힌 마음은 자신을 알아주지 않는 가족을 향해 말을 하지 않는 행동을 보이거나 부정적인 말을 내뱉으며 관계를 더 어렵게 만든다.

자녀의 부정적인 행동은 가족과의 관계 뿐 아니라 자녀가 살아갈 사회에 대해 부정적으로 보기도 한다. 그 이유는 자신의 정체성을 찾아가는 시기에 자신의 마음을 인정받지 못함으로 어떻게 대처해야 할지 모르기 때문이다.

어떤 부모는 자녀의 이런 행동을 무조건 "사춘기니까"라고 단정 지으려는 모습을 보이기도 하고, "너 이 녀석…"이라면서 다그치는 부모도 있을 것이다. 하지만 자녀의 진짜 마음을 알고 그들이 다시금 가족과 좋은 관계를 맺기 원한다면 자녀의 행동에 대해 이해하는 마음을 가지면서도 잘못된 것에 대해 적절한 경계를 지어주는 것이 필요하다.

 그리고 자녀가 좋은 미래를 꿈꾸고 자신이 살아갈 세상을 만들어 가고 싶어하는 마음을 이해하고 자녀에게 가보지 못한 미래에 대한 긍정성과 스스로 할 수 있는 기회를 주는 것도 필요하다.

 이 시기의 자녀는 부모의 말에 대한 신뢰보다 또래에 대한 신뢰와 주변 어른에 대한 신뢰가 깊어 그들의 말을 듣고 자신의 행동에 대해 생각하려는 모습도 보인다. 그러므로 자녀에게 신뢰할 수 있고 자신의 꿈 꾸는 세상을 만들 수 있도록 긍정성을 가진 어른을 소개해주는 것도 좋은 방법이다. 자녀에게 그런 사람을 찾으라고 할 때 가장 어려운 숙제가 될 수 있으니 부모와 함께 찾아주는 것도 좋은 방법일 것이다.

 어렸을 때는 아빠라는 존재만으로도 자신에게 무한한 힘과 능력을 줄 것 같았지만 이제는 부족한 부분들이 보이는 것들이 실망감으로 다가오는 것으로 좌절을 경험할 수도 있다. 아빠만큼은 언제나 절대자로 기억되기 원하면서 "모든 것을 할 수 있을 줄 알았는데…"라고 생각하지만 그런 아빠에게도 약점이 보이기 시작하고, 보이지 않았던 약한 부분을 알아가면서 더 크게 확대되어 자녀가 느끼는 상실감은 크게 느껴질 수 있다.

이 모습은 마치 아빠와의 좋은 관계를 꿈꾸고, 좋은 모습을 만들어 가고 싶어 하면서도 아빠의 약점을 보며 스스로 자립심을 키우며 성장하는 모습을 보이면서 부모와 부딪히는 갈등구조를 만든다.

나름 학교에서 이름을 떨치고 살아가는 K 학생이 있었다. 학교에서조차 이미 손을 댈 수 없다고 생각하던 학생이었고 이미 학교에서 할 수 있는 모든 징계를 다 내린 상태였다. 가족들도 이미 이 학생의 편이 되어주지 않았고 등을 돌린 듯한 상황이 이어지고 있었다. 학생은 이런 가족과 사회에 대해 보란 듯이 많은 비행 행동을 저지르며 사회를 삐딱하게 바라보고 있었고, 주변에서 눈에 띄는 사람들과 수시로 싸움을 하며 자신의 영향력을 행사하였다.

K 학생을 상담을 통해 알게 되고 만남을 가지면서 학생이 만나왔던 사람들과

는 달리 그의 이야기를 들어주고 학생의 강점을 찾아가는 시간을 가졌다.

 또한, 긍정적인 시선을 가지고 함께 할 수 있는 것들을 함께 찾으려고 노력했다. 하지만 당시 학생의 행동은 도저히 변화를 기대할 수 있는 상황이 아니란 생각이 많이 들었던 학생이었다. 상담이 이어지는 중 문신을 하며 자신을 표현하기도 했다. 함께하는 시간은 더디게만 가는 듯하였고, 오히려 안 좋은 상황이 이어지는 것은 아닌가 하는 생각이 들 정도였다. 하지만 학생의 잠재력과 가지고 있는 재능을 포기할 수 없었기에 학생에 대해 무한한 신뢰와 끊임없이 믿어주고 있다는 것을 알려주려 노력하였다. 또한, 사회가 생각보다 살만한 가치가 있다는 것에 관해서도 이야기 나눴다. 생각보다 쉽게 변하지 않는 학생에게 실망하며 주변 사람은 물론 학생 자신도 포기하려 했지만, 학생의 잠재력을 응원하는 일을 멈추지 않았다. 한참의 시간이 지난 후 학생이 말했다.

"선생님 말씀 믿고 노력해볼게요"

처음으로 그 학생의 입을 통해서 던져진 말이 가슴을 뭉클하게 했고, 여전히 자신의 삶을 완전히 돌이키기에 부족함이 있다는 것은 알지만 나름 자신의 자리에서 열심히 살아가려고 노력하는 모습을 보며 그동안 보지 못했던 소중한 것들을 살피며 하나씩 감사의 조건을 찾아가려고 노력하고 있다.

자녀에게 신뢰를 주고 믿음을 줄 수 있는 어른이 있다면 자녀는 좋은 어른으로 성장할 준비를 한다. 자녀는 신뢰를 주는 어른이 다른 사람이 아닌 아빠가 되길 원한다. 자녀에게 아빠의 영향력은 생각보다 크고 힘이 있다. 아빠로부터 배우는 좋은 관계를 통해 세상은 살 만한 가치가 있다고 믿음을 가지게 하고, 어렵고 힘든 일을 만날 때도 스스로 충분히 극복할 수 있다고 자신에 대한 믿음을 줄 수 있다. 더 나아가 자신에 대해서도 할 수 있다는 자신감을 가지게 한다.

Chapter. 02
마음근육의 발달시작은 기본부터

아빠의 감정표현은 화내는 것?

감정하면 어떤 단어들이 생각날까요? 즐거움, 행복, 분노, 속상함, 우울…

사람은 살아가면서 많은 감정을 가지고 살아가고 있다. 관계에서 적절한 감정표현을 하며 사람들과의 다양한 관계와 소통을 만들어 간다. 타인에게 감정을 전달하고 타인의 감정을 받아들이는 과정은 그만큼 중요하다.

4차 산업이라는 말이 나오기 시작하고 있고, 4차 산업이 일어나기 시작하면서 지금까지 보지 못했던 많은 것들이 생겨날 것이라고 전문가들은 나름의 추측을 한다. 하지만 얼마나 빨리 이런 일들이 일어날지? 얼마나 많은 것이 변하게 될지 분명하게 이야기하는 전문가는 거의 없다. 그만큼 시대의 변화가 빠르고 예측 불가능한 것이 우리의 삶을 지배하기 때문이다.

그런데도 앞으로 변하지 않을 것에 대해 추측할 때 사람이 가지고 있는 독특성과 감정에 대한 것들은 절대로 변하지 않으리라는 것에 대해서 전문가들은 한결같이 말하고 있다.

그럼 우리는 감정을 잘 표현하고 있을까? 사람들에게 감정하면 떠오르는 것을 물어보고 주로 사용하는 감정이 어떤 것인지 물어보면 대부분 기쁨, 슬픔, 분노 등의 기본적인 감정에 관해서는 이야기하지만, 더 이상의 감정에 대해서는 잘 모르겠다거나 표현하지 않는다고 말한다.

감정은 우리가 쉽게 알고 표현되는 감정도 있지만 표현됨을 느끼기도 전에 순식간에 지나가는 감정도 있다. 그 감정은 얼굴을 통해 가장 많이 드러나는 것으로 알고 있지만 실제로 얼굴뿐 아니라 온몸을 통해 표현된다. 이렇게 표현되는 감정은 몇 가지나 될까?

사람의 감정은 현재까지 발견된 것만 100여 가지가 넘는다고 한다. 이렇게 다양하고 많은 감정은 내가 살아가는 삶에서 영향을 끼치고 있으며, 주변 관계에서 영향을 끼친다. 하지만 감정은 자라온 환경과 삶의 경험을 통해 주로 쓰는 감정과 그렇지 않은 감정을 구분하게 된다.

많은 감정을 적절히 사용한다면 자신의 마음을 타인에게 잘 표현할 수 있을 뿐 아니라 타인의 감정을 이해하는 데 도움이 되며, 좋은 관계를 만들어 가는 데 큰 역할을 한다.

감정을 표현하는 기술은 여자보다 남자가 부족하다고 말한다.

하지만 감정표현이 성별에 의해서 나뉘기보다는 성장 과정과 사회적인 환경에서 얼마나 많은 감정을 표현해왔고 배웠는지에 따라 구분되는 것이 맞다.

 하지만 한국 문화는 자녀가 어렸을 때부터 자연스럽게 자신의 감정을 억제하는 법을 가르쳐왔다.

 약속 장소로 이동하던 중 우연히 들린 분식집에서 밥을 먹고 있을 때의 일이다. 간편하게 식사를 하려 근처에 있던 곳에서 식사를 막 시작하려고 할 때 옆자리에서 쿵 하는 소리가 들렸다. 본능적으로 고개를 돌려 소리가 난 쪽을 쳐다봤다. 옆 테이블에서 밥을 먹고 있던 아이(4~5살 정도 되어 보임)가 의자에서 장난을 치다가 의자가 기울어지면서 함께 넘어진 듯하였다. 아픔과 함께 매우 놀란 아이는 울먹이며 엄마를 쳐다봤다. 이때 엄마가 "뭘 잘했다고 울어." "뚝 안 해?" "그러니까 의자에서 장난치지 말라고 그랬지?" 하면서 아이를 다그치기 시작했다. 의자에서 떨어진 아이는 놀란 마음과 아픔을 표현할 겨를도 없이 엄마의 눈치를 보며 울음을 삼켜야만 했고, 아이 스스로 마음을 진정시키며 엄마 옆에서 조심스럽게 훌쩍이고만 있었다.

예로부터 감정을 표현하고 전달하는 것이 좋지 않다거나 감정을 표현하는 것은 좋지 않은 것이라고 자연스럽게 배우며 성장 과정을 보내왔다. 남자는 태어나서 세 번 울어야 한다고 말하며 감정을 억압하기도 했고, 여자에게도 시집을 가면 청각장애인과 언어장애인으로 지내는 시기가 필요하다고 말하며 억압했던 시기가 있었다. 이런 모습은 지금도 나타나고 있는데 감정을 표현하려 하면 그런 쓸데없는 것까지 말한다면서 꾸지람을 하거나 자녀의 말에 귀 기울여 듣지 않기도 한다.

 성인이 되어 군대에 가거나 사회에 진출해서도 자신의 감정을 표현한다는 것은 매우 사치스러운 것처럼 될 때가 있다. 그뿐만 아니라 단체 생활에서도 개인이 느끼는 감정과 상황에 대해 의견을 말하려고 할 때면 무시되거나 "네가 뭘 안다고 그래. 그냥 조용히 하고 따라오기만 하면 돼"라고 말하며 감정을 억압하기도 한다.

 그래서인지 아빠들에게 가족과의 관계에서 주로 표현하는 감정이 무엇인가요?? 라고 질문하면 상당수의 아빠는 "감정표현요? 좋은 건 좋다 싫은 건 싫다고 하죠!"라고 하거나 "그냥 조용히 지켜보다가 잘못된 행동을 반복하면 꾸지람을 하죠?"라고 말한다. 사람이 가지고 있는 감정은 매우 다양함에도 아빠들은 자라왔던 삶의 방식에 의해 제한적 감정을 표현하며 살아가고 있다.

 감정이란 내가 누구이며 무엇을 할 때 좋고, 싫은지를 표현하는 것 외에도 사람들과의 관계를 맺는 데 있어서 매우 중요하다. 그런데도 이미 감정을 표현하는 것이 익숙하지 않은 아빠들은 가정에서도 자신의 의견을 말하지 않거나 제한된 감정을 표현하며 살아간다. 웬만한 일들은 무시하듯 넘기고 선택하고 결정해야 하는 것에 대해서도 "그냥 알아서 해"라며 스스로 선택할 기회를 미루기도 한다. 그러다 어느 순간 의견 충돌이 있거나 자신의 의견이 들어주지 않는다고 생각되면 욱하며 화를 내면서 감정을 표현한다.

 화를 내는 감정 자체를 두고 잘못된 것이라 말할 수는 없지만, 그동안 아무렇지 않은 듯 감정을 숨기고 지내다가 어느 순간 분노로 표현되는 분노의 감정은 자신뿐만 아니라 주변을 초토화하는 강력한 무기가 되어 모두에게 상처로 남는 경우가 많다.

 순간 욱하는 분노로 인해 주변이 상처받는 것을 보면서 분노로 표현한 자신을 후회하기도 하지만 그다음을 어떻게 대처해야 할지 알지 못하는 아빠들은 아파하는 가족과 자녀를 지켜볼 뿐 문제를 해결하기 위한 다른 표현이나 방법을 찾지 못한다.

 욱하며 표현된 화는 가족에게 큰 상처로 남아있게 되며 아빠의 화내는 표현을 보며 자란 자녀는 위축된다. 그로 인해 위험한 상황에 노출되는 것을 두려워해 더 깊은 곳으로 숨는다. 또한, 아빠로 인해 시작된 두려움은 성인에 대한 두려움을 가지게 만들고, 자신감이 없는 존재로 생각되어 자존감이 낮은 자녀로 성장하게 된다. 또한, 어렵고 힘든 상황이 올 때면 어떻게 대처해야 할지 알지 못한 채 머뭇거리거나 소심한 모습으로 자신을 표현하게 되고 아빠를 통해 배운 제한된 감정표현으로 인해 자녀도 감정을 제한하게 된다. 충분히 표현되지 못한 감정은 폭발로 이어져 또다시 분노의 감정을 표현하기도 한다.

 아빠의 서투른 감정표현은 개인의 문제가 아니다. 아빠의 감정표현은 가족과 자녀에게 영향을 끼치며 자녀는 자신의 마음을 알아주지 않는 아빠와의 관계를 멀리하기 시작하면서 이야기하지 않겠다고 다짐을 하게 된다. 아빠와 이야기를 하지 않으려고 마음을 정하는 이유는 단지 무뚝뚝하기 때문만은 아니다. 아빠와 함께했던 시간 속에서 자신의 마음을 알아주지 않았던 것과 충분히 마음의 문제를 공감받지 못한 것에 대해 "내 편이 아니구나"라는 생각을 가지기 때문이다. 이런 경험은 자녀가 필요할 때 함께 있어 주지 못했다고 기억되어 마음의 상처로 남아있으며 결국 아빠와의 관계를 멀리하게 되는 이유가 된다.

결국, 가족들은 아빠의 주변을 떠날 준비를 하게 된다. 아빠와 가까이 있어서 폭발되는 화를 경험하며 아픔과 상처로 남는 것보다 거리를 두고 멀어지는 것이 안전하다고 느끼기 때문이다. 결국, 시간이 지나면서 아빠는 홀로 남겨지게 되고 그런 자신을 보면서 외로움에 빠지게 된다.

가족이 멀어지는 것은 몸이 멀어지는 것이 먼저가 아니라 심리적인 거리감이 생기면서부터 시작된다. 이야기하는 횟수가 줄어들고, 짜증이 늘어나며, 함께 하는 시간이 줄어들고, 함께하는 자리를 피하게 되고… 결국 가족은 함께 할 수 없다는 결론을 내리는 과정으로 나타난다.

그럼 아빠의 감정표현은 어떻게 해야 할까?

아빠의 감정표현은 화를 내는 것만이 아니다. 다양한 감정표현을 하되 긍정적인 표현을 많이 하고 자신과 상대방에게 힘이 되는 표현을 자주 하는 것이 중요하다. 가족에게 끼치는 아빠의 영향력은 생각보다 힘이 있다. 특히 자녀의 성장 과정에서 아빠의 감정표현은 엄청난 영향력을 나타낸다. 그러므로 자녀와 가족에게 어떻게 표현되느냐에 따라 자녀가 느끼는 영향력은 몇 배가 될 수도 있다.

단순한 감정표현을 주로 하던 아빠가 갑자기 다양한 감정을 표현하는 것은 매우 낯설고 어려운 일이다. 하지만 몇 번 반복하다 보면 어느덧 익숙하게 표현되고 있는 다양한 감정을 경험하게 될 것이다. 다양한 감정표현은 자녀에게 영향을 끼칠 뿐 아니라 자녀의 감정을 이해하는 데도 도움이 된다.

 아빠로서 자녀에게 감정을 표현할 때 감정 단어와 사전을 찾아보는 것부터 시작하되 긍정적이고 상대에게 힘이 되는 감정을 사용하면 좋다. 감정에 있어서 부정적인 감정이 있는 것은 아니지만 상대에게 긍정적이고 힘이 되는 감정표현을 많이 하는 것부터 연습하면 좋다.

오늘 자녀에게 이렇게 표현해보면 어떨까?
 "오늘 네가 있어서 힘이 되는데" 아빠의 긍정적인 감정표현이 가족 관계에서 작은 변화의 신호탄이 되어 지금보다 더 좋은 모습으로 변화되어 갈 것이다.

아빠의 불안이 자녀에게 미치는 영향

나의 어린 시절의 아빠는 너무나 크고 거대해 보였다. 아이의 눈에 보이는 아빠는 언제나 크고 거대해 보인다. 아빠라는 존재, 부모라는 존재는 생각한 것보다 더 크고 위대하며 놀라운 힘을 가진 존재로 보일 수밖에 없다.

이제 막 자신의 세계를 만들어 가려고 다짐을 하는 청소년기 자녀가 볼 때 유아기 때처럼 크게 보이지 않는다고 해도 여전히 아빠라는 존재의 크기는 무시할 수 없다. 그렇기에 반항을 하며 자신의 세상을 만들어 가려고 하면서도 아빠를 통해 전해지는 말과 행동을 진실이라고 받아들이고 싶어 하는 이중적인 마음을 가진다.

자녀가 생각하는 아빠는 얼마나 크게 느껴질까?
잠시 자녀가 어렸을 때를 생각해보자.

여러 이유로 자녀의 어린 시절이 생각나지 않는다면 자신의 어린 시절을 떠올려보자.

어린 시절 부모와 함께 쇼핑하면서 이곳저곳을 함께 다니는 것을 볼 때면 부모의 입장에서 볼 때나 3자의 입장에서 볼 때 한없이 귀엽고 예뻐 보일 수 있다. 하지만 자녀는 어떨까? 물론 그들의 생각을 다 들어보고 충분히 생각해볼 수는 없겠지만 어린 자녀가 보는 세상은 어른들이 보는 것과는 달라 보인다. 쇼핑몰에 전시된 물건들은 자녀가 볼 수 없을 정도로 높게 되어있고, 부모의 손을 잡고 다니는 곳은 오직 키 큰 어른들의 엉덩이 부분을 보는 것이 전부이다. 부모를 따라 다니기에는 걸음의 폭을 빨리하며 종종걸음으로 따라다녀야 하고, 가끔 마음에 드는 것을 보고 고개를 돌리고 있으면 부모는 아이의 손을 잡아끌며 목적지를 향하기도 한다.

어린 자녀의 관점에서 세상은 거인들의 왕국처럼 느껴지며 모든 것이 낯설고 힘이 들고 어렵다고 느낄 수 있을 것이다.

나도 아이들 어렸을 때 함께 놀이동산에 갔던 적이 있었다. 넓고 넓은 놀이동산을 부모의 손을 잡고 정신없이 다니고 있었을 때 인형 탈을 쓴 사람이 다가오며 손을 흔들었다. 나도 아이들이 평소 좋아하는 캐릭터여서 가까이 가서 사진도 찍어주고 함께 추억도 만들면 좋겠다는 마음으로 한 걸음씩 걸어가는데 둘째 아이가 점점 손에 힘을 주며 몸을 뒤로 빼는 것이었다.

"괜찮아 네가 좋아하는 인형이잖아."라고 말했지만, 점점 다가갈수록 커져 보이는 인형의 모습에 압도되었는지 끝내 울음을 터트리고 말았다. 아빠의 말을 듣고 따라가고 있었고, 인형이 반갑게 웃어주며 손을 벌리는 것은 문제가 되지 않았던 것 같다.

 당시 자녀의 모습을 보며 귀여웠다고 생각을 했지만, 다시 생각해보면 정말 무서웠나보다 하는 생각이 든다. 하긴 인형도 성인 어른이 탈을 쓰고 있으니 작은 아이가 봤을 때 얼마나 크게 느껴졌을까? 아마도 아이의 눈에 비친 세상에서 평소 TV 속에서 좋아하며 반겼던 것이 너무나도 큰 모습에 당황스러웠을 것이다.

 또 다른 장면도 생각해보자. 우리가 어렸을 때 뛰어놀던 곳을 성인이 되고 난 다음 다시 가봤던 적이 있을 것이다. 마음껏 뛰어놀았던 추억을 생각하며 옛 추억도 떠올릴 겸 다시 찾은 동네와 풍경을 보고 있으면 무엇인가 낯설게 느껴진다. 분명 동네의 풍경과 집이 달라진 것이 없는데도 성인이 되어 다시 보는 곳은 마치 내가 보던 세상을 축소해 놓은 것처럼 모든 곳이 작아 보인다. 이것은 세상이 작아진 것이 아니라 아이의 눈으로 바라본 세상에서 성인이 된 후 바라보는 눈높이가 달라졌기 때문이다.

자녀가 보는 세상은 이렇게 크고 거대해 보인다. 특히 자녀를 양육하고 함께하는 아빠는 더 크고 위대하게 느껴질 수밖에 없다.

자녀의 눈높이에서 아빠의 키가 크고 작은 것이 중요하지 않다. 아빠의 지적인 능력이나 배움의 깊이 또한 중요하지 않다. 자녀는 아빠라는 존재를 보는 것만으로도 크고 두려운 존재로 여김과 동시에 그렇게 큰 아빠가 자신의 편이라는 것을 통해 세상의 모든 것을 다 얻었다는 안정감을 누리기도 한다. 자녀는 그런 아빠와 함께 하는 시간을 통해 마음껏 뿌듯함과 안정감을 누리며 자신의 존재감을 키워나간다. 마치 아빠와 함께 있으면 세상의 어떤 사람들도 자신을 헤치지 못하며, 어떠한 위기 상황에서도 자신을 구해줄 것으로 믿기 때문이다.

자녀의 눈으로 볼 때 아빠는 히어로 영화의 주인공과 함께 있는 듯한 생각을 가지게 만들며 불가능한 것이 없다고 믿는다. 자녀에게 아빠는 세상 어떤 것보다 위대한 존재라는 생각을 한다. 그래서 자신의 옆에 아빠가 존재한다는 것만으로도 그들은 세상 모든 것을 다 가진 듯한 든든함을 가지게 되고 어느 곳에서도 당당하게 마주할 힘을 가진다.

이것은 청소년기 때도 마찬가지다. 어렸을 때 보던 아빠의 거대했던 모습보다는 작고 부족한 부분이 보이면서 뛰어넘고 싶은 마음도 있지만, 여전히 아빠는 위대한 존재로 생각하고 싶어 한다.

"저는 수학을 제일 못해요. 그래서 전 나중에 성공하지 못할 거예요. 다른 것은 그런대로 조금씩 하는데 수학을 못 하니 당연히 아무것도 할 수 없을 거예요"

한 중학생이 한 말이다. 왜 이런 생각을 하게 되었는지 묻자 학생은 아빠하고 엄마가 그렇게 말했다고 했다. 다른 것을 잘하는 것이 있음에도 부모가 수학을 못 하면 안 된다고 말한 것 때문에 학생은 자신은 수학을 못 하니 성공하지 못할 것이라는 생각에 사로잡혀 있었다.

중학생 정도면 나름 자신을 판단하고 스스로 자신의 꿈을 만들어 갈 수 있다고 생각하는 나이라고 생각할 수도 있겠지만 여전히 부모의 말은 학생에게 큰 영향을 끼치고 있고, 그로 인해 스스로 무엇을 하지 못한다는 생각을 가지게 된 것이다.

이것은 이 학생만의 문제는 아니다. 많은 학생을 만나서 이야기하다 보면 자신이 공부를 잘하지 못한다는 이유로 모든 것을 할 수 없다고 믿고 있는 학생들이 많다는 것이다. 아빠가 쉽게 던진 말이라도 그 안에 힘이 있어서 자녀에게 불안감을 심어주게 되고 결국 자신은 긍정적인 미래를 꿈꿀 수 없다고 믿게 만든다.

 자녀에게 필요한 것은 지금 무엇을 잘하는지가 아니다. 세상 무엇보다 든든한 아빠가 자신의 편이 되어준다는 것을 아는 것이 중요하고, 그로 인해 세상은 살 만한 가치가 있으며, 어렵고 힘든 순간이라도 늘 자신과 함께하고 있음을 알 수 있는 아빠의 용기가 필요하다.

 자녀는 세상 어떤 것보다 위대하고 거대한 아빠가 자신의 편이라는 것을 느끼고 안다고 해도 지금 당장 자신의 능력을 보여주지 못할 수 있지만 홀로 사회에서 살아가야 할 때 아빠가 옆에 없더라도 언제나 버팀목처럼 자신을 지탱해줄 거라는 믿음을 가지게 된다. 또한, 어렸을 때부터 아빠와 함께했던 자녀는 스스로 무엇인가 할 수 있는 나이가 되어도 어렵고 힘들 때 마음속의 아빠를 부르면 저 멀리서 멋지게 등장하는 히어로처럼 자신의 옆에 나타나 모든 것을 해결해줄 것이라 믿음을 가지게 된다. 이렇게 아빠를 통해 자신감을 얻은 자녀는 자신의 앞날을 준비해 나가는 데 있어서 두려움이나 걱정 없이 지낼 힘을 가지게 된다.

그래서 자녀에게 아빠는 매우 중요하다. 아빠가 사회를 긍정적으로 바라보면 자녀는 사회에 대해 긍정적인 곳이라 생각한다. 반면 사회에 대해 불만과 불안함을 품고 보게 되면 자녀는 경험하지 못한 사회에 대해 자연스럽게 불안함을 느끼게 된다.

세상에서 가장 위대하고 힘이 센 아빠가 보는 세상을 자녀도 그대로 보기 원하며 자신이 경험하지 못한 사회에 대해 자연스럽게 색안경을 끼고 보게 되는 것이다.

세상에 어떤 아빠도 자녀에게 사회는 불안하고 살기 힘든 곳이라고 알려주고 싶은 사람은 없을 것이다. 어떤 아빠가 네가 사는 세상은 살기 어렵고 두려운 곳이라고 알려 주고 싶겠는가? 지금이 비록 그런 곳이라 할지라도 자녀에게 더 좋은 사회를 물려주고 좋은 대우를 받으면서 지내기 원하는 것이 아빠의 마음일 것이다. 하지만 자신도 모르게 던지는 말과 표현들은 자녀가 스스로 의식하지 못한 채 사회에 대해 그렇게 인식하게 된다.

"요즘 사회가 어떤지 알기나 해?"
"너 그렇게 해서 뭘 할 수 있겠냐?"

"나쁜 사람들이 얼마나 많은데…?"

아빠들이 무심결에 하는 가장 흔한 몇 가지 말들이다. 지금처럼 하면 더 좋은 미래를 누리지 못할까 걱정돼서 하는 말이라는 것은 이해한다. 하지만 자녀는 사회를 판단하고 이해할 만큼 성숙하지 않기에 이런 말들을 들을 때 "난 역시 아무것도 할 수 없나 봐", "사회는 내가 부딪혀 나가기에 너무 어려운 곳인가 보다"라고 생각하게 되고 결국 그런 사람처럼 자신을 만들어 가려 한다.

아빠로서 바라보는 사회는 많은 경쟁과 노력이 있어야 하는 곳이고 긍정적인 요소로만 바라보기에는 어려움이 있다는 것은 사실일 것이다. 하지만 사회인이 되어 어떤 삶을 살게 될지 고민하며 꿈꾸는 자녀에게는 미리 불안함이 있는 곳이라는 것을 알려줄 필요는 없다. 그들이 어떤 삶을 사는지 알지도 못하는 데 가보지도 않는 곳에 대해 불안함을 심어줌으로 지금부터 위축되게 할 필요가 없다.

최근에 가장 쟁점이 되는 Me too 운동은 그동안 억압되었던 여성들이 자신의 의견을 말할 수 있는 매우 중요한 계기가 되었고 그로 인해 여성의 목소리를 사회에 표현할 수 있는 중요한 계기가 되었다. Me too 운동을 보면서 그동안 혼자서 아파하며 견뎠던 그들을 생각하면 얼마나 힘들었을까 하는 생각을 하게 된다. 그래서 더 크게 이런 운동이 퍼졌으면 좋겠다는 생각도 해본다. 그래서 여성들의 인권이 보장되고 숨겨졌던 그들의 목소리가 제대로 들렸으면 좋겠다. 약자들이 살아가는 사회가 더는 불안하지 않은 곳이 되었으면 좋겠고, 누구나 마음껏 자신이 목표로 하는 것을 하면서 살아갈 수 있는 사회가 되었으면 좋겠다는 생각을 해본다.

그런데도 걱정스러운 것은 이것이 혹시 남녀 간에 대한 불신의 요소가 되는 것은 아닐까? 하는 생각을 하게 된다. 자신의 목소리를 내는 것이 남녀에 대한 혐오가 되어 오히려 더 부정적인 시선으로 바라보지 않을까 하는 걱정스러운 부분이 있기 때문이다.

자녀가 살아가는 사회가 지금보다 더 정정당당하며 자기 뜻을 마음껏 표현하며 살 수 있는 곳이 되길 바란다. 사회가 더는 불안함과 걱정으로 가득한 곳이 아니고 약자들이 자신의 목소리를 내지 못하고 짓밟히는 곳이 아닌 자녀가 원하는 꿈을 꾸며 노력한 것이 결실이 되어 돌아올 수 있는 곳이 되었으면 좋겠다. 그런 사회를 만드는 데도 아빠의 역할은 매우 중요하다.

"걱정하지 마! 넌 잘할 수 있을 거야!"
"넌 행복한 내일을 준비하고 꿈꾸면 돼. 하지만 힘들 땐 언제든지 아빠한테 말해줘"
"아빠는 언제나 네 편이라는 것 잊지 마"

오늘 힘든 하루를 보내고 있는 자녀에게 아빠의 이 말은 어떤 사람들의 말보다 든든하고 믿음직하게 들릴 수 있다. 자녀가 사회에서 긍정적인 시선과 꿈을 꿀 수 있는 곳이라는 것을 알려주고 그들의 꿈을 마음껏 펼칠 수 있도록 아빠로서 사회에 대한 긍정성을 심어주고 서로 협력하는 관계를 통해 더 좋은 곳이 될 수 있음을 알려주면 좋겠다.

아빠로서 던진 긍정적인 말 한마디가 자녀에게는 세상의 어떤 히어로보다 크고 위대하게 다가옴을 기억하고 멋진 오늘과 내일을 살아갈 자녀에게 힘찬 응원의 메시지를 보냈으면 좋겠다.

아빠의 무관심은 자녀의 미래성장을 돕는다?

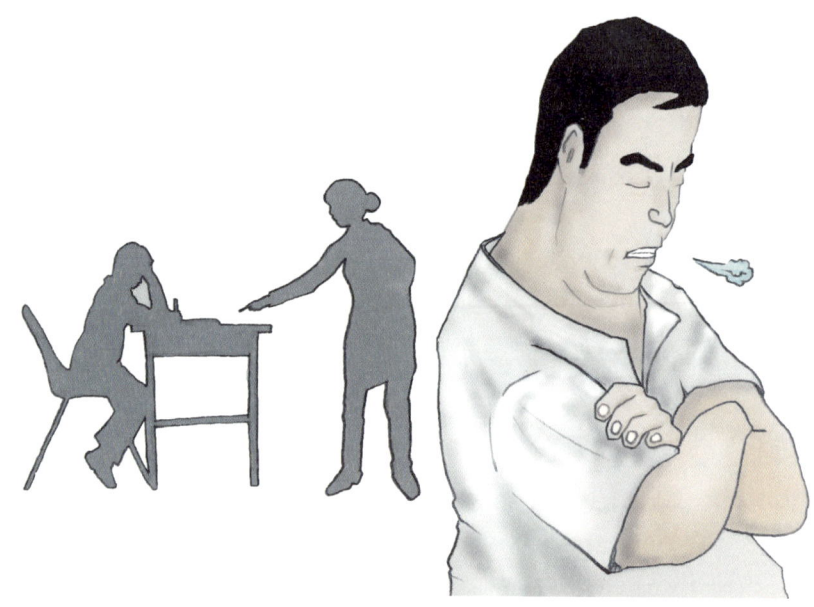

세상 모든 부모는 내 아이들이 잘 자라서 사회에서 자립하고 좋은 영향을 끼치는 사람으로 성장하기 원한다. 그래서 부모는 자녀에게 필요한 것을 제공하며 어떻게 하는 것이 더 좋은 모습으로 성장할 수 있는지 생각한다.

 자녀를 위한 한국 부모의 정성은 세계 어느 나라와 비교해도 부족함이 없을 정도로 자녀에 대한 사랑이 지극하다.

 하지만 우리나라는 자녀의 성장에 관심이 있음에도 아빠가 자녀 양육에 관심을 가지는 것은 적거나 드물다. 자녀교육에 있어서만큼은 아빠의 역할이 소극적이다. 아빠가 자녀의 교육에 관심을 가지면 더 큰 그림을 그리지 못한다는 것이다. 그래서인지 자녀가 성공하는 데 있어서 꼭 필요한 것이 세 가지가 있다고 말하는데 할아버지의 재력, 아빠의 무관심, 엄마의 정보력이 있어야 한다는 것이다.

이런 가족의 영향력은 자녀의 미래를 긍정적인 방향으로 성장시킬까?
 유명한 학교나 학원가를 살펴보면 실제로 엄마들의 지극한 노력과 열정이 가득하다. 이런 모습을 가리켜 치맛바람이라고 하는데 엄마들이 자녀의 성장에 대한 기대감으로 펼치는 활약은 실제로 엄청나다. 엄마들이 이렇게 자녀를 위해 뛰어다니고 노력하는 것이 자녀의 성공을 위한 것이라고 믿기 때문이다.

 하지만 자녀는 이런 엄마의 모습에 대해 창피함을 느끼거나 부담감을 느낀다고 말한다. 또는 엄마의 그런 열정적인 모습에 보답을 꼭 해야 한다는 마음으로 자신의 몸이 힘이 들고 지쳐가는 것을 돌보지 않고 엄마의 노력에 보답하려는 모습을 보인다. 엄마의 지나친 열정에 지친 자녀는 무기력함과 우울 등의 증상을 보이거나, 자신을 찾아가는 다양한 경험보다 엄마의 기준과 잣대에 의해 자신을 맞추려고 한다. 엄마가 정해놓은 기준에 익숙해진 자녀는 그 기준에 다가가지 못한 것과 기준에 달성하지 못해 실패할 것을 두려워하는 마음이 생겨 결국 무너지게 된다.

 요즘 자녀들의 이야기를 들을 때면 엄마의 지나친 관심과 모든 생활에 관여하는 것은 자녀의 성장이나 올바른 길로 안내하는 것이 아니라는 생각이 든다. 오히려 그들은 성장 과정에서 스스로 할 수 있는 능력을 상실해버리고 엄마가 아니면 아무것도 할 수 없는 자녀로 성장하는 것을 보기 때문이다. 결국, 성인기가 되어 스스로 해결해야 할 과제들이 생길 때 스스로 노력한 경험이 없어서 무엇을 해야 하는지 알지 못하거나 주저하는 모습을 보이며 대인관계에서도 소극적이거나 사소한 것까지도 타인에게 허락을 받아야 안심을 하는 의존적인 모습이 될 수도 있다.

 어떤 자녀들은 자신의 의견을 마음껏 표현하지 못하고 성장에서 필요한 것을 경험하지 못함으로 자신의 감정조차 마음껏 표현하지 못하는 사람으로 성장하기도 한다. 엄마의 지나친 관심의 표현이 자녀에게 마음의 상처로 남아 자신을 찾는 삶이 아닌 엄마의 기준으로 가득 채우는 모습을 보인다.

 그런데 놀라운 것은 엄마들도 이미 이런 상황들을 이해하고 있다고 말하고 있고, 무슨 뜻인지 잘 알고 있다고 말한다는 것이다. 그런데도 멈출 수 없는 이유는 옆집에 있는 누군가를 비교하게 되고, 앞집에 있는 누군가 더 좋은 것을 제공 받아 잘 되는 것 같은 것을 보면서 내 자녀는 뒤처지면 안 된다는 마음이 엄마의 불안함을 키우고 그 불안함이 결국 이와 같은 문제를 가져오게 된다는 것이다.

자녀에 대한 엄마의 이런 노력과 정성과 비교하면 아빠는 자녀의 교육과 양육에 관심이 적고 자녀의 성장에 관여하는 일이 매우 적은 모습을 보인다. 자녀의 교육과 양육에 관여하려고 하면 어떻게 해야 할지 모르겠다거나 아내가 "당신은 교육에 대해서 신경 쓰지 마"라는 말로 인해 뒤로 물러나기 때문인 경우가 많다.

저자도 아빠지만 이런 말을 들을 때 매우 씁쓸하게 다가온다.

정말 자녀의 양육에서 아빠들의 무관심이 성장을 돕는 것일까?
정말 아빠가 자녀 교육과 양육에 관심을 가지면 미래성장에 방해가 되는 것일까?

우선 아빠의 무관심이 자녀의 성장에 영향을 끼친다는 의미부터 생각해보면 좋겠다. 자녀의 교육에 있어서 아빠의 무관심이 필요하다고 말하는 이유는 아빠들은 엄마들의 교육철학(?)에 도움이 되지 않는다고 생각하기 때문이거나, 방해(?)가 되기 때문이라는 것이다. 엄마로서 자녀의 교육에 대한 의지에 비해 아빠들은 상대적으로 자유로움을 이야기하며 공부보다 "나가서 놀자", "무슨 공부를 그렇게 많이 시켜?"라고 말하기 때문이다.

저자는 심리 상담을 통해 "이제는 아무것도 하지 않겠다"라고 말하는 자녀들을 만나봤다. 모든 것을 포기하겠다고 말하는 자녀들은 이렇게 말했다.

"초등학교 때까지는 열심히 공부했죠. 그런데 이젠 하기 싫어요"
"전 성공하지 못할 거 같아요"

청소년들은 공부하면서 지나온 시간에 대해 힘들다고 생각하고 있으면서도 공부를 포기할 수 없다는 불안감에 빠져 있거나, 공부하지 못하기 때문에 다른 것도 할 수 없다는 좌절감에 빠져 있기도 하다. 공부를 매우 잘하는 자녀도 조금이라도 성적이 떨어지게 될까 봐 불안해하며 그로 인해 좌절감과 실패했다는 생각에 사로잡혀 자신의 능력을 무가치하게 여기는 경우가 많다.

그리고 공부에 지친 학생들은 말한다.
"공부 이제 그만하고 싶은데…. 하지 않으면 뭐하죠?"
"대학만 가면 제 마음대로 할 거예요"

고등학교 3학년인 D 학생은 나름대로 인지도 있는 학교에서 학업성적도 매우 우수한 학생이 이었다. 항상 좋은 성적을 받아왔고 부모에게 걱정을 끼치는 일은 전혀 없었다. 하지만 고등학교 3학년이 되면서 그동안 가족에게 밝혀지지 않았던 학생의 모습들이 하나씩 나타나기 시작했다. 공부하다가 원하는 대로 되지 않을 때면 소리를 마구 지르거나 책을 뜯어 먹는 행동을 보인 것이다. 처음에는 당황스러운 모습에 다독여도 보고 다그쳐보기도 했지만, 행동은 점점 커져만 갔고, 더는 가족 중 누구도 자녀의 행동을 해결할 수가 없었다. 이런 모습이 반복되면서 가족들의 불안함도 함께 커져만 갔다. 상담하면서 좀처럼 마음을 열지 않았던 학생은 어느 날 자신의 이야기를 꺼내며 이렇게 말했다.

"처음에는 엄마의 말을 들으며 시작했던 공부가 이제는 제가 더 다그치는 상황이 되었고 조금 쉬고 싶을 때조차 저는 쉴 수 없었어요. 오직 공부 공부 공부…. 공부 말고도 하고 싶은 것이 있었지만, 공부만 하면 다른 것도 할 수 있다고 생각했는데… 이제는 아무것도 하고 싶지 않아요…. 그런데 이제 공부하지 않으면 뭐하죠?" 그 동안 말하지 못했던 자신의 마음속 깊은 이야기를 꺼내면서 한참을 울고 또 울었다.

인생에서 공부가 아니면 정말 할 수 있는 것이 없을까?
대학만 가면 정말 마음대로 해도 되는 것일까?

아빠들은 엄마들과의 교육철학(?)에서 다툼이 일어나기 원치 않아 한 걸음 뒤로 물러선다. 아빠로서 의견을 말하고 싶을 때도 있지만, 아내가 잘못된 것을 가르치는 것은 아니라는 생각 때문인지 자녀의 교육에서 슬며시 발을 뺀다.

영재들을 찾아다니며 그들의 일상을 살펴보는 프로그램이 있다.
방송을 통해 많은 영재가 있다는 것을 알게 되었다. 그들의 영재성을 볼 때면 대단하다는 말 밖에 안 나올 정도로 탁월함을 나타낸다. 때로는 자녀의 영재성을 드러내기 위해 주변에는 끊임없이 희생하는 엄마들이 등장하기도 한다.

이 엄마들을 보면서 몇 가지 질문이 생겼다.

자녀가 성장한 뒤에도 영재성을 드러낼까?
영재성을 드러내고 있다면 어릴 때와 같은 수치일까?

성인이 되어 자신의 영재성을 드러내는 수치는 아동기와 청소년기와 비교하면 훨씬 적다. 어렸을 때 그렇게 뛰어난 영재성을 드러내면서도 성장하는 과정에서 영재성을 잃어버리는 것은 왜일까?

부모는 자녀가 영재성을 가지고 있다는 것에 대해 우월감을 가지고 어떻게든 그 영재성을 제대로 발휘하기 원한다. 부모의 이런 기대감은 자녀가 느낄 때 자신이 영재라는 사실에 부담을 느끼면서도 끊임없이 영재성을 보여주려고 노력하면서 그것을 유지해야 부모님께 인정받는다고 생각한다. 그렇게 하는 것이 자신을 지키고 돌봐주는 엄마와 아빠를 위한 것으로 생각하기에 자신의 몸이 부서지고 힘들어지는 것은 중요하지 않게 생각한다.

 그렇게 청소년기가 되면서 자신이 더는 부모를 위해 희생이 되는 것을 원치 않으며 극단적인 방법으로 아무것도 하지 않겠다고 선언하고 행동한다. 결국, 부모의 지나친 기대감과 무관심이 자녀의 영재성을 무너뜨리게 되는 결과를 가져온다.

 그러므로 자녀의 영재성을 끝까지 유지하고 발휘하기 위해서는 어렸을 때부터 나타난 타고난 영재성을 가지고 태어나는 것도 필요하지만, 후천적으로 계발된 영재성도 그에 못지않게 중요하다. 선천적이든 후천적이든 자녀의 영재성을 제대로 나타내는 데 있어 중요한 것은 자녀에 대한 무한한 신뢰와 사랑이 뒷받침될 때 더 크게 발전된다고 해당 방송은 말하고 있다. 이 말은 자녀가 하는 행동과 모습을 있는 그대로 수용하고 인정해야 한다는 것을 말해주고 있다.

자녀의 교육에 평소 관심을 가지지 못한 아빠는 자녀가 힘들어하는 것을 볼 때 옆자리에 있어 주기 원하지만, 그동안 자녀의 교육에 관심을 가지지 못한 것 때문에 자녀가 어려움을 호소하는 것을 알면서도 어떻게 대처해야 할지 몰라 적절한 마음을 표현하지 못한다.

 아빠의 무관심이 자녀에게 다가갈 수 있는 마음의 거리를 멀게 하여 아빠와 자녀 모두 서먹서먹한 관계를 만든 것이다. 자녀의 미래성장을 돕는다(?)고 생각하던 것이 결국 성장이 아닌 관계의 단절을 가져오게 된다.

 자녀가 진정한 영재성을 발휘하는 것은 할아버지의 재력도, 아빠의 무관심도, 엄마의 정보력도 아니다. 자녀의 영재성은 가족이 모두 함께하며 서로에 관해 관심을 가지는 것으로 시작하며, 각자의 장점을 찾으며 그것이 잘 발휘할 수 있도록 관심을 가지는 것에서부터 시작한다.
자녀의 교육에 있어서 아빠의 관심 있는 말 한마디는 자녀에게 힘이 나게 한다.

"우리 밖에서 놀까?"
"그 정도 했으면 충분해"
"네가 지금 옆에 있는 것만으로도 아빠는 매우 감사하게 생각해"

아빠의 관심 있는 말은 자녀에게 오늘을 살아갈 힘을 실어주게 되고 자신의 영재성을 끊임없이 드러낼 수 있는 원동력이 되게 한다.

자녀는 아빠가 작은 부분에 관심을 가지기 원하며, 지금의 소중한 시간을 함께 하기 원한다. 또한, 아빠의 말에서 힘을 얻기를 원하며, 아빠와 함께하는 시간을 통해 세상 누구보다 든든한 지원군이 되어 옆에 있길 바란다.

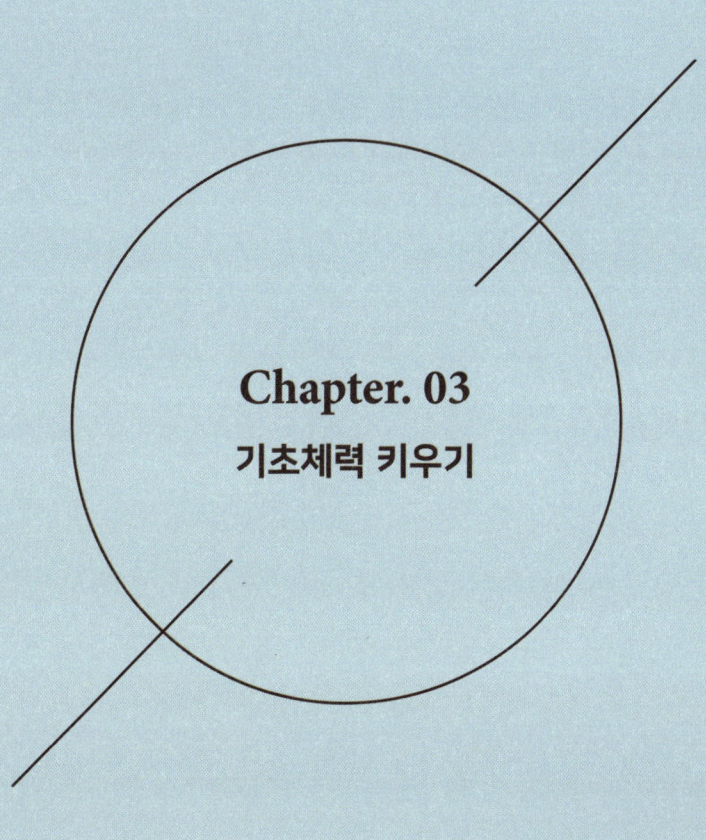

Chapter. 03
기초체력 키우기

나도 처음부터 아빠는 아니었다

상담하면서 많은 가족을 만나게 된다. 상당수의 가족은 자녀가 어려움을 호소하는 것을 뒤늦게 알게 되면서 제대로 양육하지 못했다는 자책감을 가지며 이렇게 말한다. "지난날 자녀를 잘 돌보지 못한 것에 대해 후회가 되네요." 지나간 시간을 되돌아보면서 많은 상황과 이유가 있기도 했지만, 그런데도 내 자녀만큼은 잘 자라기 원했는데 그런 자녀가 아픔이 생기고 어려움을 표현하는 것을 보면서 "어떻게 해야 할지 모르겠네요."라며 호소한다.

 하지만 막상 고민하는 가족에게 "이렇게 하면 조금 더 도움이 되지 않을까요?"라고 말하면 그들은 "우리도 이미 다 해봤어요."라는 반응을 보이거나 "그건 상담을 하시니까 되는 거 아닌가요?"라는 반응을 보일 때도 있다.

 어떤 가정은 아빠가 상담을 하므로 나의 자녀들은 매우 특별한 혜택을 받고 살고 있다고 생각하거나 좋은 아빠를 둬서 부럽다는 반응을 보이기도 한다.

 하지만 나도 처음부터 아빠는 아니었다. 또한, 지금도 좋은 아빠는 아니라고 생각한다. 아빠의 자격을 놓고 좋고 나쁨을 이야기하는 것부터 모순이라고 생각한다. 나 역시 아빠로서 충분히 좋은 능력을 지녔거나 어떤 자격을 가지고 있는 것도 아니며 좋은 아빠로서 능력을 발휘하기에 여전히 부족한 부분이 많이 있다. 앞에서도 이야기했지만, 나의 부모는 경상도 분으로 서로에 대한 감정을 표현하기에는 매우 서툴렀고, 경상도 특유의 억센 억양과 제한된 대화는 마치 가족은 그래야 한다고 인식하고 배워왔다.

내가 가족을 통해서 배운 가족 또는 아빠에 대한 이미지는 마치 무뚝뚝해야 하고 표현하지 않아야 하며, 감정을 드러내는 것은 매우 조심스럽게 해야 하는 것이었다. 또한, 주어진 일을 열심히 해야 하며, 힘든 일이 있어도 가족에게 표현하면 안 되는 것으로 알고 있었다.

어린 시절에는 다른 가족과 비교할 수 있는 대상이 없었기에 모든 가족이 그렇게 살고 있을 거라 생각했다. 하지만 20대에 가족 상담이라는 과목을 우연히 들으면서 우리 가족 또한 건강하지 못한 부분이 있다는 것을 처음 깨닫게 되었고, 가족 관계에서 아빠로서 준비해야 할 것도 많고, 변화시켜야 할 것도 많다는 것을 알게 되었다.

예전에 가지고 있던 가족에 대한 모습으로는 상담하기에 적절하지 못한 것들이 있었다. 나의 감정을 잘 표현하지 못했을 뿐 아니라 상대의 감정이나 마음을 알아차린다는 것은 더욱 어려운 일이었다.

상담사로서 부족한 여러 부분을 가지고 있었음에도 과감하게도 아니 무모하게도 상담을 하겠다고 덤벼들었다.

상담을 시작하면서 많은 것을 버려야 했고, 지금까지 습관처럼 가지고 있던 것들을 포기해야만 했다. 무뚝뚝한 모습을 버리기 위해 표현을 하는 방법을 익혀야 했고, 감정을 드러내지 않은 것을 버리기 위해 작은 감정의 변화에도 민감하게 반응해야 했다. 지금까지 알고 있던 가족의 모습에서 벗어나 좀 더 표현도 많이 하려고 노력하였으며 행복한 가정을 만들기 위해 한 아내의 남편으로서 새롭게 태어날 자녀들을 위해서 노력해야만 했다. 이런 모습들은 나에겐 매우 낯선 행동이었고 어색하고 힘든 일이었지만 포기할 수 없었다.

상담사로서 살아가고 있는 지금도 여전히 가족에게 적절한 표현을 하기 위해 내 감정을 솔직하게 표현하면서도 상처가 되지 않게 하려고 노력하고 있다. 오랜 시간 상담사라는 직업을 가지고 많은 이야기를 들으려 하고 그들의 언어를 이해하고 소통하려고 하지만 지금도 상대의 이야기에 귀 기울이고 듣는 것을 놓칠 때도 있다. 상대의 말을 듣고 적절히 표현한다는 것은 여전히 익숙하지 않고, 여전히 어려운 일이기 때문이다.

사람들은 이렇게 말한다. 아빠로서 완벽하지 않다고…
그런 아빠들에게 나도 이렇게 말하고 싶다. 세상에 완벽한 아빠는 없다고…

완벽한 아빠라는 말은 너무나 부담스럽게 다가온다. 완벽이라는 말 자체가 난해하고 어렵다고 생각하기 때문이다. 세상의 어느 사람도 어떻게 완벽할 수 있는지 알지 못할 것이다. 또한, 완벽한 아빠란 세상에 존재할 수 없을 것이다.

아빠로서 완벽하다면 과연 자녀들이 좋아할까? 남편으로서 완벽하다면 아내는 좋아할까? 만약 완벽한 아빠가 있다면 완벽하지 않은 자녀는 아빠의 완벽함에 지치게 될 것이고, 무기력함을 느끼며, 도저히 따라잡을 수 없는 아빠의 모습에 불안함과 두려움이 커질 것이다. 결국, 아빠를 능가할 수 없다는 좌절감에 실패자가 된 것처럼 생각할 수도 있을 것이다.

아빠로서 불완전하기에 오늘 조금 더 노력할 수 있는 여지가 있는 것이고, 부족함이 있기에 자녀와 함께 성장해 갈 수 있는 것은 아닐까? 서로의 부족함을 채워가는 과정에서 서로에 대한 행복한 이야기는 쌓여갈 것이고, 그 안에서 함께 협력하는 것이 가장 좋은 가족의 모습일 것이다.

나도 처음부터 아빠는 아니었다. 또한, 지금도 좋은 아빠는 아니다. 단지 오늘보다 내일이 조금 더 성장할 수 있기를 기대할 뿐이다. 매일 매일 성장할 수는 없지만, 자녀가 건강하게 성장하기 바라는 마음으로 오늘 조금 더 노력할 뿐이다.

좋은 아빠가 되기 위해 자녀에게 한 걸음 다가가서 그들의 이야기를 들어보자. 문제를 해결하지 않아도 좋은 것을 제공해주지 못해도 자녀가 있는 곳에 함께 하고 있는 아빠의 존재를 인식할 때 어느덧 세상에서 가장 멋지고 훌륭한 아빠가 되어있을 것이라 기대해 본다.

함께 성장할 때 건강한 자녀가 된다

처음 자녀가 태어났을 때를 기억하고 있나요?

 세상의 많은 사람 중에서 두 사람이 만나 부부가 되는 것도 놀라운 사실이지만 부부 사랑의 결실로 자녀가 태어남에 따라 아빠와 엄마가 된다는 것은 정말 놀라운 일이다. 부부의 사랑으로 태어난 자녀는 세상의 어떤 것보다 귀한 존재라는 사실을 알아가면서 자녀를 위해서라면 모든 것을 다 할 수 있을 것이라는 마음을 가지게 된다.

 엄마 뱃속에서 아이가 성장하고 태동을 느끼는 그 순간은 아빠와 엄마 모두에게 신기함과 놀라움의 연속이다. 사랑스러운 자녀가 태어나길 기다리며 세상에서 가장 행복한 자녀로 키우겠다는 마음에 많은 것을 함께 준비하게 되는 과정 자체가 행복감을 주는 일이다. 이런 과정을 거쳐 드디어 자녀가 세상에 태어나는 순간은 무엇이라 말할 수 없는 감격과 감동적인 순간일 것이다.

저자도 자녀가 처음 태어날 때의 모습은 지금도 생생한 기억으로 남아있다. 처음으로 아기가 생겼다는 진단을 받고, 첫 태동을 느끼고, 세상에 태어나는 순간은 나의 인생에서 잊지 못할 놀라운 시간이며 소중한 시간이었다. 그렇게 태어난 자녀는 작은 손길에도 다치지 않을까 조심스러웠던 순간도 있었다. 처음 아빠, 엄마라고 말했던 시간은 잊지 못할 감격으로 남아있으며, 첫걸음마를 떼는 순간도 잊지 못할 기억이다. 그렇게 가지 않길 바랐던 시간이 흘러 이제는 기억 속에 남아있는 추억이 되었지만, 지금은 자녀 스스로 할 수 있는 것들이 많아져서 제법 의젓한 모습을 보이기도 한다.

언제 이렇게 성장했는지… 난 아직도 그 시간과 자리에 머물러 있는 것 같은데 자녀들만 성장한 것은 아닐까? 하는 착각을 해보기도 하지만 어느덧 나도 자녀의 성장에 맞춰 변해있는 모습을 보게 된다. 도대체 그동안 무슨 일이 있었는지 생각을 하기에도 벅찰 만큼 시간은 기다려주지 않고 흘렀다.

지난 시간을 되돌아보며 추억에 잠겨 있다 보면 시간이 흘러간 것이 아니라 지금의 상황으로 떠밀린 것 같은 느낌이 들 정도로 빠르게 지나간 것은 아닐까 하는 생각을 해보기도 한다. 다시 그 시간으로 되돌아가고 싶은 마음도 있지만 이미 돌아갈 수 없는 시간이 되었고, 지나간 시간은 또 다른 추억으로 남아있을 뿐이다.

아빠들은 엄마보다 흘러가는 시간이 더 빠르게 느껴질 수도 있을 것이다. 직장 생활을 하면서 바쁘게 지내다 보면 자녀의 성장 과정을 지켜보지 못하고 함께하는 소중한 시간을 놓치게 되는 경우들이 많기 때문이다. 가족을 위해 수고하고 애쓰며 달려오면서도 정작 자녀와의 소중한 시간을 함께하지 못하는 동안 어느새 훌쩍 커버린 자녀의 모습에 당혹스러움을 경험할 수도 있을 것이다. 자녀와 함께하지 못했던 시간으로 인해 어느덧 자녀가 아빠와의 관계에서 마음을 닫고 어색한 모습을 여지없이 보여줄 때면 서운함이 느껴질 때도 있고, 그렇게 멀어진 관계의 시간은 아빠의 사소한 말에도 반갑게 받아들이지 않고 "아빠가 뭘 아는데?"라고 말하며 매우 당황스럽게 하기도 한다.

자녀의 이런 모습은 "난 아빠하고 이만큼 거리가 멀어져 있어"라는 의미로 생각할 수 있다. 아빠로서 당혹스러운 상황이지만 자녀는 성장 과정에서 아빠에게 속마음을 이야기하지 못하는 사이 자신과 함께하지 못한 아빠와의 관계에서 거리를 두게 된다.

아빠들은 자녀의 성장에 관심을 가지면서도 정작 표현을 적게 한다. 이 모습은 마치 자녀가 스스로 알아서 클 것이라는 생각이 들게 하거나, 자녀의 양육은 엄마의 몫이라고 생각하게 할 수도 있다. 또는 일하면서 가끔 자녀와 시간을 보내는 것으로 역할을 다 했다고 생각할 수도 있다.

"스스로 잘 크겠지!"
"내가 일을 하지 않으면 우리 가족은 누가 먹여 살려?"라며 아빠로서 함께하지 못하는 시간을 나름의 이유를 말한다.

바쁜 아빠들은 가끔 시간을 내서 자녀에게 필요한 것을 사주거나 용돈을 제공하는 것으로 도리를 다했다고 생각하기도 한다.

하지만 자녀는 표현하지 않는 아빠의 모습을 보면서 "아빠는 나한테 관심이 없구나"라고 생각을 하게 되고 결국 아빠와의 관계에서 마음을 닫고 스스로 삶에 대해 생각하고 결정하려 할 때 아빠는 제외하게 된다.

아빠가 바쁜 일로 자녀와 함께하지 못할 때 사랑의 표현방식으로 필요한 것을 챙겨주는 것으로 아빠가 지녀야 할 책임감을 완수하려고 한다. 처음에는 이런 아빠의 행동에 대해 자신을 위해 선물과 용돈을 제공하는 것이 좋아서 받는 것처럼 느껴질 수 있다. 하지만 성장 과정을 지나면서 자녀는 자신에게 필요한 것이 맛있는 음식도 아니고 가지고 싶은 선물을 받는 것도 아니라는 것을 알게 된다.

"내가 필요한 것은 선물이나 맛있는 것이 아니라 아빠 엄마와 함께 있는 거야"

아빠와 함께 시간을 보내지 못한 자녀는 늘 사랑에 목말라하며 사랑에 배고픔을 느낀다. 충분한 사랑을 받았다고 느끼지 못한 자녀는 특정한 분야에 지나친 집착을 보이거나 자신의 욕구를 채우기 위해 지나친 행동을 하는 모습을 보이거나 자신만 바라봐주기 바라는 모습으로 성장하기도 한다.

이 말에 어떤 아빠는 "우리 아이는 내가 해주는 것을 좋아하고 있고, 특별히 문제가 없는데요"라고 말할 수도 있을 것이다. 하지만 자녀는 자신의 마음을 표현하는 것이 서툴거나 표현해도 크게 달라지지 않을 것이라는 기대를 하고 있을 수도 있다. 어떤 경우는 사랑을 받아본 경험이 없어서 지금의 모습이 자신이 사랑받는 것으로 생각하면서도 한편으로 "외롭다"라는 마음을 가지지만 어떻게 해야 외로움을 극복할 수 있는지는 모르고 있을 수도 있다.

자녀는 성장 과정에서 아빠가 바빠서 함께하지 못한다고 해서 그 시간을 기다려주지 않는다. 또한, 아빠가 제공하는 선물을 언제까지 즐거워하면서 그것을 통해 행복하다고 말하지 않는다.

바빠서 함께 할 수 없는 만큼 자녀는 마음의 거리를 멀리하며, 선물에 대해 싫증을 낸다. 그래서 어린 자녀일수록 아빠가 자신과 조금 더 함께하는 시간을 가지며 추억의 시간을 만들어 가기 원한다. 아빠와의 소중한 시간을 뺏기는 것이 아쉬워 잠깐이라도 시간이 되는 아빠를 볼 때면 달려와 함께 놀아달라고 투정도 한다. 자녀의 이런 행동은 지금의 시간이 지나면 아빠와의 추억을 가지지 못하는 것이 아쉬워 아빠가 일 때문에 피곤해하는 것을 알면서도 조금은 귀찮게 하는 것이다.

"아직도 자녀와의 소중한 추억을 쌓을 시간이 충분하다고 믿나요?" 지금도 자녀가 아빠의 바쁜 시간을 기다려주고 있을 거로 생각한다면 그것은 큰 오해다. 지금 자녀와의 충분한 시간을 가지지 못한다면 성장 과정만큼 관계의 거리가 멀어지는 것을 경험하게 될 것이다. 그리고 어느새 마음을 닫고 아빠가 하는 작은 말에도 짜증을 내거나 듣지 않으려는 모습을 보게 될 수도 있다.

"내가 필요할 때 같이 있어 달라고 했을 때 옆에 있지 않았잖아"
"내가 도움이 필요하다고 말할 때 들어주지 않았잖아"
 자녀에게 필요한 것은 지금 당장 주는 선물이나 용돈이 아니다. 가끔이라도 더 자주 자신에게 다가와 이야기를 들어주고 함께 놀아주며, 마음속 이야기를 할 수 있는 아빠가 필요한 것이다.

 자녀는 아빠와 함께 소중한 시간을 함께하기 원한다. 무엇을 주지 않아도 자신의 이야기를 들어주기 바라며, 성장 후에 있을 것들에 대해 꿈꾸고, 사소하지만 하고 싶은 것을 이야기하면서 옆에서 함께 응원해주기 바라는 아빠가 필요한 것이다.

 자녀는 절대 스스로 성장하지 않는다. 신체적으로는 키도 크고 손발도 크면서 겉으로는 성장하여가는 것처럼 보일지 모르지만, 아빠와의 관계의 단절로 닫힌 마음과 성장 과정에서 적절한 양육을 받지 못한 자녀는 어느 순간부터 마음이 성장하지 못하고 그 자리에 멈춰 있게 된다. 때에 맞는 적절한 심리적 성장이 되지 않은 자녀는 그 시기에 심리적 성장이 멈춰 있게 되고 이렇게 멈춰진 마음의 시간은 성인이 되고 난 후에도 그대로 남아있게 된다.

아빠로서 내 자녀가 건강한 모습으로 성장하는 것은 당연히 원하는 바일 것이다. 그렇기에 필요에 따라 맛있는 음식도 주고, 적절한 교육과 편안한 공간 등을 제공함으로 좋은 모습으로 성장하기 원한다. 그러나 자녀가 건강하게 자라는 데 있어 가장 중요한 것은 아빠와 함께하는 시간이다. 자녀에게 맛난 음식과 적절한 교육, 편안한 공간 제공이 필요한 것처럼 성장 과정에서 소중한 것을 함께 하는 것으로 건강한 자녀로 성장할 기회를 제공하게 된다.

자녀가 충분히 자신의 마음을 표현하지 못할 수도 않겠지만 그들은 끊임없이 마음속으로 이렇게 말한다.

"내가 필요한 건 선물이 아니야 난 단지 아빠가 옆에 있는 것이 더 중요해"
"내가 필요한 건 아빠하고 놀 수 있는 시간이고, 아빠의 목소리를 듣고, 함께 하는 시간이 더 소중해"

자녀도 아빠가 일해야 한다는 것과 바쁘므로 자신과 충분한 시간을 보낼 수 없다는 것을 알고 있다. 그렇기에 할 수 없는 것을 해달라고 하거나 무리한 것을 요구하려 하지 않는다. 그런데도 가끔 무리한 요구와 시간을 내달라고 하는 것은 위에서 말한 것처럼 빠르게 성장하는 과정에서 아빠와의 소중한 시간을 놓치는 것이 싫어서 하는 행동이다. 아빠가 바쁘다는 것을 알고 있지만 조금 더 함께 있고 싶은 것이고, 함께하는 소중한 시간을 가지면서 행복한 추억을 만들고 싶은 마음을 표현하는 것뿐이다. 아빠와 함께하는 시간이 바쁜 시간 때문에 뺏기고 싶지 않을 뿐이다.

아빠와 함께했던 소중한 시간과 행복한 추억이 많은 자녀는 어렵고 힘든 시간이 다가올 때 그것을 꺼내어 추억하면서 다시금 일어날 힘을 가지게 된다. 좌절과 아픔의 시간이 다가올 때 훌훌 털어내고 다시금 도전할 수 있다는 희망을 품게 된다.

아빠와 함께한 소중한 시간과 행복한 추억을 가진 자녀는 세상은 살만한 곳이라고 생각하고, 도전할 만한 가치가 있는 곳이라고 믿는다. 이 믿음은 자신에 대한 자존감을 높일 뿐 아니라 스스로 도전하며 더 멋진 세상을 만들고 꿈꾸는 능력을 만든다.

또한, 사람들과 건강한 관계를 유지하며 미래 사회를 이끄는 리더십을 발휘함으로 주도성을 가지고 사회를 이끌어가는 능력을 만드는 힘의 원천이 되기도 한다.

자녀는 절대로 혼자 성장하지 않는다. 자녀와 함께 성장할 때 더 건강한 자녀로 성장한다. 그러므로 자녀의 성장에 함께하는 시간을 가지고 무엇을 이야기하는지 귀 기울이면 좋겠다.

아빠의 스킨십과 표현은 자녀에게 안정감을 누리게 한다

아빠들은 대체로 성장 과정을 지나면서 자신의 감정이나 마음을 전달하는 데 익숙하지 않다. 마음을 표현하는 것은 마치 남자로서 하지 말아야 할 일이라고 가정에서부터 배웠거나 군대 생활과 사회생활을 통해 자연스럽게 익혀져 왔거나 자연스럽게 스며든 한국 문화의 영향일 수도 있다.

그래서인지 자녀와의 관계에서도 스킨십을 하거나 표현하는 것에 대해서 쑥스러워하거나 어려워한다. 가족 관계에서도 아빠로서 권위가 있어야 하고 책임감이 있어야 한다는 것으로 생각하는 것이 자연스럽게 내재되어 있어 표현하지 않으며 언제나 무뚝뚝한 모습이어야 된다고 생각한다.

아빠들은 이런 표현방식이 권위가 있고 책임감 있는 모습처럼 보인다고 생각할지 모르지만, 가족들이 볼 때는 아빠의 그런 모습에 답답함을 느끼거나, 다가가기 어려운 존재로 인식되고 있다는 것을 알지 못한다.

K 자녀의 아빠는 늦게 낳은 아들을 키우면서 평소의 모습처럼 무뚝뚝하고, 표현하지 않는 방식으로 자녀를 양육하였다. 또한, 자신의 마음속 이야기를 나누지 않았을 뿐 아니라 자녀의 이야기에 귀 기울일 만큼 여유를 두지 않고 지냈다. 가끔 속마음을 표현할 때는 자녀가 잘못했다고 판단되거나 주어진 일을 잘하지 못할 때 욱하며 화로 표현하거나 잘못에 대해 체벌을 통해 감정을 드러내는 것이 전부였다.

K 학생이 중학교 3학년이 되었을 때 아빠와의 관계에서 거리감을 두게 된 것이 드러나게 되었을 때는 이미 아빠하고는 어떤 이야기하고 싶지 않겠다는 마음을 가지고 있었다. 자신의 속마음을 적절히 표현하지 못하고, 마음 표현을 받아주지 못한 아빠의 모습으로 자녀의 행동은 가족과의 관계에서 점점 거리감을 두는 방식으로 변해갔다. 학교에 가지 않거나 밤새 게임을 하고, 자신의 방에서 나오지 않는 등의 모습을 보이면서 그동안 쌓였던 아빠에 대한 불신의 마음을 표현하였다. 또한, 평소 아빠와의 좋은 관계를 맺지 못했기에 아빠가 무엇을 하든 무슨 일이 일어나든 자신은 관심이 없다고 표현하기도 했다. 아빠가 평소에 잘 표현하지 못함으로 인해 결국 학생의 삶을 무너뜨리는 행동으로 변했고, 가족과의 관계까지 망가뜨리는 모습을 보이게 되었다.

아빠가 자신의 마음을 잘 표현하지 않고 책임감과 체벌에 대한 부분에서만 반응하는 모습이 결국 관계를 멀어지게 했고, 그로 인해 자녀가 자신에게 아픔을 주는 선택을 하는 결과를 가져오게 된 것이다.

어떤 아빠도 자녀와의 이런 관계를 원하지는 않을 것이다. 분명 자녀와 좋은 관계를 맺기 원하고 좀 더 건강한 모습으로 성장하여지기 원할 것이다.

아빠가 표현하지 못하고 무뚝뚝한 모습이 원래부터 그런 것일까? 아무리 무뚝뚝한 사람이라도 그렇지 않을 때가 있으며, 또한 항상 무뚝뚝하거나 표현을 잘 하지 못하는 것은 아니다.

예를 들어 지금의 아내를 만나기 전을 떠올려보자. 아내와의 사랑을 확인하고 함께하는 시간을 가지기 위해 예전에 없던 애교를 부리거나 세심하게 배려하는 모습을 보였던 때가 있었을 것이다. 자연스럽고 더 긍정적인 만남을 위해 적절한 스킨십을 시도하면서 지금의 아내가 좋아하는 행동을 표현도 했을 것이며, 때로는 나긋하고 부드러운 목소리로, 때로는 적당한 스킨십을 통한 거리감을 유지하려고 노력했을 것이다. 아내를 지켜주고 보호하기 위해 집 앞까지 데려다주는 등의 모습을 통해 아내의 마음을 얻기 위한 행동을 보였을 것이다.

아빠나 남편으로서 가족에게 전달되는 스킨십과 표현은 아내와의 관계뿐 아니라 가족 관계에서도 매우 중요한 역할을 한다. 특히 자녀는 아빠의 스킨십과 표현을 통해 자신이 살아 있음을 깨닫게 되고, 아빠의 표현방식을 통해 자녀는 안정감을 누리게 된다.

태교할 때를 생각해보자. 좋은 음악을 들려주고, 태명을 지어주며, 수 없이 반복하며 사랑하라고 말했던 때가 있을 것이다. 태교할 때 엄마의 손길과 좋은 음악 등도 많은 영향을 끼치지만 가장 좋은 태교 중의 하나가 아빠의 목소리를 들려주는 것이라고 전문가들은 한결같이 말하고 있다. 아빠의 나지막하고 저음의 목소리는 배 속에 있는 자녀에게 가장 잘 전달이 되고 안정감을 준다는 것이다.

이것은 태아에게만 영향을 주는 것은 아니다. 자녀가 태어나고 자라는 과정에서 안아주고, 쓰다듬어 주고, 칭찬해주고, 손잡아주는 것 등을 통해 자녀는 아빠의 존재를 인식하게 되고 그 안에서 안정감을 누린다. 자녀는 아빠와의 스킨십을 통해 행복을 경험하게 되고, 안정감을 누리게 되며, 사람들과의 관계에 있어서 좋은 관계를 이어간다. 경험하지 못한 사회에 대해 긍정성을 가지게 되고 어려움이 생겼을 때 극복하는 힘이 있다고 믿게 된다.

이렇게 성장한 자녀는 자신이 무엇을 잘하는지 알지 못하는 사춘기 시절을 지날 때도 자신에 대한 긍정성을 가지고 자신감을 가지게 된다. 또한, 자신의 꿈을 멋지게 펼치고 나갈 수 있을 거라 기대하게 된다. 삶의 과정에서 혹시나 어려운 일을 만날 때에 두려움을 느낄 수는 있지만, 문제 앞에서 크게 걱정스럽거나 불안해하지 않는다.

아빠와의 충분한 스킨십과 표현을 경험한 자녀는 홀로서기를 하는 순간에도 어렸을 때부터 늘 옆에서 자신을 지지하고 응원했던 아빠와의 관계를 기억하고 지금 일이 어렵다 해도 할 수 있다는 자신감을 가지게 되는 것이다.

나의 자녀들이 어렸을 때부터 함께하는 시간을 가지려 노력했다. 아빠로서 자녀와의 관계에서 잘 지낸다는 것이 여전히 어려운 일이지만 자녀와의 관계에서 스킨십과 표현은 나에게 주어진 매우 중요한 일이라 생각하고 될 수 있으면 많은 시간을 함께하려 노력했다. 그런 노력의 일환으로 자녀가 어렸을 때는 목욕을 시켜주고, 로션을 발라주며, 마사지를 해주는 것으로 스킨십을 시작했다.

자녀가 조금 더 성장한 뒤에는 함께 놀아주는 시간을 가졌으며, 두려워하는 상황이 생길 때면 "괜찮아", "아빠가 옆에 있어 줄게"라며 손을 잡아주는 것으로 늘 함께 있음을 경험을 해주려고 노력했다. 밤이 되면 하루를 잘 마무리하게 해준 것에 대해 감사하며, 속상하거나 어려운 일이 있었다면 그것이 발판이 되어 지혜롭게 세상을 살아가는 데 도움이 되길 바라는 마음을 전달했다. 그리고 스킨십과 안아주는 것으로 하루를 마무리하게 했다. 또한, 아침이 되면 하루를 시작할 수 있게 된 것에 대해 감사하고 날씨와 상관없이 예쁘고 소중한 날임을 기억할 수 있게 "오늘도 좋은 날이야"라는 말을 가장 먼저 듣게 하고 있다. 물론 안아주는 스킨십을 빼놓지 않았다.

 자녀가 사춘기가 되면 자신의 감정을 잘 표현하지 않고 혼자 시간을 가지려고 한다고 많은 부모는 말한다. 그렇다고 모든 청소년이 실제로 감정을 드러내지 않거나 표현하지 않는 것은 아니다. 자녀들이 연예인을 보고 열광을 하고, 또래들과의 관계에서 수다와 장난을 통해 자신을 마음껏 표현하는 청소년들을 볼 때면 그들이 진짜로 감정을 드러내지 않고 표현하지 않던 아이들이 맞을까 하는 생각이 들 때가 많기 때문이다.

 밖에서는 이렇게 자신을 표현도 잘하고 이야기도 잘하는 자녀가 왜 집에만 들어오면 무뚝뚝하고, 표현하지 않는 것일까?

그동안 상담을 하면서 만난 학생들은 그동안 말하지 못한 어렵고 힘든 이야기를 조심스럽게 꺼내면서 "아빠가 제 말을 들어줬던 적이 없어요."라고 말한다. 아빠는 무뚝뚝하고, 표현하지 않으며 자신과 함께하는 시간을 가지지 않았다고 하면서 아빠와의 추억에 관한 이야기를 꺼내는 것을 어려워하는 모습을 보이기도 한다. 실제로 어려움을 호소하는 청소년들의 기억 속에 아빠와의 스킨십에 대한 기억이 적거나 없었으며, 좋은 추억에 대해 잘 떠오르지 않는다거나 없다고 말하는 경우가 많았다.

아빠 교육을 진행하고 난 다음에 아빠들은 자녀와의 스킨십이 중요하다는 것을 알게 되어 "오늘부터 자녀들과 스킨십을 하는 시간을 자주 가져야겠구나" 다짐하며 서툰 모습으로 스킨십을 시도하려거나 갑작스러운 표현을 하는 경우가 있다. 하지만 자녀는 아빠와의 관계에서 익숙하지 않은 모습에 당황해하며 "아빠 왜 그래 그만하라고" 말하며 짜증으로 표현하는 것을 볼 때 아빠의 마음을 몰라준다고 말하기도 한다. 그러나 이런 상황은 당연한 것이다. 자녀가 성장 과정에서 아빠에 대해 그만큼 마음의 거리가 멀어져 있는 상황에서 아빠의 갑작스러운 표현은 당혹스러움을 넘어 거부반응을 보이는 것이다.

자녀의 이런 모습에 아빠들은 몇 번의 시도를 하고 "역시 안되는구나!" 생각하며 포기하거나 "아빠가 조금 노력해보려고 하는데 넌 왜 그렇게 삐딱하게 그래"라며 다툼이 일어나 결국 원래의 모습으로 다가갈 때가 많이 있다.

 자녀와의 스킨십과 적절한 표현이 중요하다는 것을 알고 시작한 표현이 무엇 때문에 이런 결과를 가져오게 된 것일까?

 유아기 때와 초등학교 저학년 때는 아빠로서 자녀에게 그동안 하지 않았던 모습을 보여준다고 할지라도 자녀는 그런 아빠의 모습을 받아들일 준비가 되어있다. 비록 그 모습이 어색하다 할지라도 그런 아빠의 모습까지도 유쾌하고 재미있게 받아들일 마음의 준비가 되어있다. 그 이유는 아직 아빠에 대한 마음을 닫지 않은 상태이며 아빠에 대한 신뢰감이 남아있기 때문이다.

 하지만 청소년기 자녀는 다르다. 이미 아빠에 대해 "아빠는 이런 사람이구나"라고 자기 생각을 정리하고 있고, 스스로 무엇인가 할 수 있다는 생각을 가지면서 아빠를 뛰어넘고 싶은 마음을 가지고 있기에 평소 충분한 스킨십과 표현이 되지 않았다면 그만큼 거리를 두고 있거나 마음을 닫고 있을 가능성이 크기 때문이다.
그러므로 가족 관계에서 벗어나 사회인으로 성장할 준비를 하는 청소년기 자녀에 대해서는 다른 방식으로 접근해야 한다.

청소년기 자녀와 관계를 좁히기 위해 무엇을 해야 할까?

평소 스킨십과 표현이 익숙하지 않은 청소년 자녀에게 다가갈 때 사랑하는 사람과 연애하듯이 해야 한다.

누군가의 소개나 길을 가다 우연히 한 여인을 만났다고 생각해보자. 그 사람에게 첫눈에 반했으며 그 사람을 알게 된 순간 사랑하지 않을 수 없게 되었다. 그 사람과 소중한 만남을 생각하고 연애를 하려고 하는데 그 사람이 때로는 도도하고 까칠한 모습을 보인다고 생각해보자. 하지만 첫눈에 반한 그 사람의 그런 모습까지도 너무 사랑스러워 보인다면 어떻게 할까? 아마도 그 사람과 좋은 관계를 만들기 위해 많은 노력을 할 것이다. 처음에는 그 사람에게 관심을 보이며 내가 여기 있다는 것을 알려주려고 노력할 것이다. "내가 당신을 좋아하고 있어요."라는 표현을 다양한 방식으로 나타낼 것이고, 시간이 흘러 상대가 마음을 조금 열게 되면 그 사람과의 좋은 관계를 더 깊이 만들기 위해 좋아하는 것을 찾기 위해 노력하고, 함께 밥을 먹거나 시간을 보내려고 할 것이다. 때로는 조심스럽게 스킨십을 시도하며 사랑하고 있음을 표현할 것이다.

아빠와의 관계에서 멀어진 듯 보이는 자녀에게 다가갈 때도 마찬가지다. 사랑하는 사람과 좋은 관계를 만들어 가기 위해 자연스러우면서도 천천히 다가가야 하는 것처럼 청소년기의 자녀와의 관계에서도 느리지만, 천천히 조심스럽게 다가가야 한다.

자녀가 비록 아빠와의 관계에서 겉으로 표현되는 것처럼 무뚝뚝하고 짜증을 내고 있을지 모르지만, 자녀 역시 아빠와의 관계에서 어색한 관계를 원하는 것은 아니다. 누구보다 아빠와의 좋은 관계를 유지하고 싶어 하며 함께하는 시간을 가지기 원한다.

자녀에게 이런 마음이 있음에도 좋게 표현되지 않는 것은 아빠와 함께하는 좋은 관계의 시간이 익숙하지 않거나 그동안 표현되지 않은 시간이 길었기 때문이다. 그렇기에 자녀는 아빠와의 좋은 관계를 원하면서도 스킨십과 표현이 익숙하지 않기에 서툴게 보이는 반응을 보이는 것이다.

H 학생은 자신의 현재 모습을 안타깝다고 표현했다. 예전에는 공부도 잘했는데 지금은 성적이 반이나 떨어졌다고 말했다. 미래에 대한 꿈은 있지만, 현재에 있는 자신은 그곳을 향해 가지 않으며 멈춰 있는 상태라고 말했다. 그냥 자신

은 가만히 있으면서 누군가 하라고 하는 대로 따라가면 되지 않겠느냐는 말을 하며, 스스로 무엇을 할까 생각하면서 가고 싶지는 않다고 말했다. 이런 자신에 대해 걱정스럽게 생각하며 지금처럼 지내면 안 된다고 말하면서도 어떻게 해야 하고 표현해야 할지 모르겠다고 했다. 학생의 꿈을 위해 첫발을 내딛는데 필요한 것이 무엇인지 묻자 학생은 한참을 망설인 후에 "아빠가 할 수 있다는 말을 해줬으면 좋겠어요"라고 말했다.

 자녀가 마음을 열지 않고 무뚝뚝한 것이 단순히 사춘기이기 때문이라고 생각하지 않았으면 좋겠다. 부모들이 사춘기 때문이라고 말하는 사이에 그들은 끊임없이 부모와 소통하기 원하고 함께하는 시간을 가지기 원하고 있다.

 자녀의 마음을 알기 원하고 표현해야겠다고 생각을 가졌으면 좋겠다. 그리고 눈에 보이지 않을 만큼 조금씩이고 천천히 가는 것처럼 보일지라도 자녀에게 조금 더 다가간다면 자녀도 결국 아빠의 마음을 이해하고 마음을 열 것이다.

아빠는 자녀와 함께 고민하고
생각하며 가는 인생의 동반자다

성인이 되어 청소년기를 지났던 날들을 되돌아보면서 아쉬움이 남아있는 부분이 있다. 그것은 주변에 많은 사람이 있었지만, 나의 진로나 방향성에 대해 함께 고민해주거나 이해해주는 사람이 없었다는 것이다.

 초등학교 시절을 지나 중학생이 되면서 어떻게 살아가야 할지 나름 인생의 고민을 할 때 누구도 알려주지 않는 미래에 대해 막연함과 걱정이 있었다. 그로 인해 스스로 잘할 수 있는 것이 없다고 생각한 나는 인생은 혼자서 고민하고 알아가야 하는 것으로 생각했다. 그렇게 아무런 준비와 경험도 없이 사회에 나와서 혼자서 고민하며 진로를 찾아야 했다.

 부모님이 계셨지만 이런 고민을 이해해주거나 충분한 시간을 이야기 나눌 수 있는 상황이 아니었기에 스스로 부딪히며 사회를 하나씩 알아가야만 했던 시절은 외로움과 함께 어려움과 힘든 과정을 경험하면서 헤쳐 나와야 했다.

성인이 되고서 내가 살아가야 할 방향과 진로를 찾고 난 후 내 인생에 도움을 줬던 분이 누가 있을까? 하는 생각을 해본 적이 있다. 오랜 세월의 흔적인 사진첩을 뒤져서 찾아내는 것처럼, 때로는 먼지 쌓인 책장을 뒤지며 희미해져 버린 흔적을 찾아내는 것처럼… 그렇게 찾던 중 내 인생에 도움을 줬던 몇 분이 있음을 알게 되었다.

 그중에 한 분은 초등학교 6학년 때 선생님이었다. 초등학교 선생님은 굉장히 무서웠던 분으로 기억하고 있다. 또래였던 친구들도 나와 같은 기억을 하고 있었다. 선생님은 늘 수지침을 들고 다녔으며 벌칙으로 수지침을 놔주셨고, 수지침이 무서워 도망을 다녔던 적도 있었던 것 같다. 그런데도 그 선생님이 나에게 가장 기억에 남는 분이다. 왜냐하면, 한참 호기심이 많고 궁금증이 많았던 우리에게 가끔이지만 쉬는 시간이 되면 "무엇이든 물어보세요."라는 시간을 통해 어린 시절 궁금하던 것들에 대해 하나씩 이야기하며 호기심을 풀어주셨던 것이 좋은 기억으로 남아있는 것 같다.

 자녀는 자신이 무엇을 해야 할지? 어떤 것을 선택하며 살아가는 것이 좋을지 고민하는 것들에 대해 마음을 터놓고 이야기할 수 있는 든든한 지원군이 옆에 있어 주기 원한다. 이런 마음을 가진 자녀는 그 대상이 누구보다 든든한 지원군으로 부모가 되길 원한다.

하지만 엄마는 자녀에게 든든한 지원군의 역할을 한다는 이유로 공부와 정해진 계획표를 들이밀면서 이렇게 정해진 대로 따라가며 공부하는 것이 마치 자녀를 위한 가장 든든한 지원이 된다고 착각을 한다.

아빠는 자녀에게 가끔 다가가 현재 어떤 고민이 있고, 어떤 것을 어려워하는지에 대해 살펴보지 않고 자녀의 마음을 알아가는 시간이 부족하다고 말한다. "다 그렇게 하면서 성장하는 거야"라는 말로 위로한다고 하면서 충분히 이 정도면 마음을 이해하고 알아줬다고 생각하며 지원군이 될 수 있다고 착각한다.

하지만 자녀는 엄마의 체계적이고 꽉 잡혀 있는 계획표에 자신의 미래를 위한 노력에 감사함을 느끼지 않는다. 오히려 자신의 모든 생활을 감시하고 공부라는 틀에 가두려는 것으로 생각되어 심리적 부담을 느낀다. 또한, 가끔 다가와 눈치 없이 자신의 마음을 알아주지 않고 일방적 이야기만 하는 아빠를 보면서 "내가 필요할 때는 오지도 않더니?"라고 생각하며 반발심을 가지기도 한다.

그렇게 나타난 자녀의 부정적인 모습은 부부관계에서도 영향을 끼치게 된다.

엄마는 자녀 양육을 두고 가장 많이 다투는 요인 중 하나가 "너는 언제 공부하려고 그러냐?"이며, 아빠는 "쟤는 도대체 뭐 때문에 요즘 이렇게 까칠하게 그런데"라며 말하다가 서로의 잘못으로 지적하며 다툼을 벌인다. 결국, 자녀를 위한다고 시작된 것이 부정적으로 나타나 자녀는 "나는 세상에 태어나지 말아야 했나 보다"라는 극단적인 생각으로 자신의 가치를 낮게 여기게 되는 결과를 가져오게 된다.

여전히 자녀를 위한 것이라고 말하면서도 자녀의 진짜 관심이 무엇인지에 대해 이야기를 나누려고 하기보다 부모로서 자신의 기준에 맞춰 자녀에 관해 이야기하면서 자녀의 앞길을 위해 충분히 생각하고 있으며 많은 노력을 하고 있다고 말하는 모습을 보이기도 한다.

자녀가 지금 필요로 하는 것은 무엇일까?
공부보다 아빠 엄마와 함께하는 시간이 더 소중하다는 것을 알고 그 시간을 함께하기 원한다. 부모와 함께 자신의 진로에 대해 고민도 나누고 다양한 경험담을 들으면서 자신이 앞으로 살아갈 삶에 대해 알아가기 원한다. 또한, 다양한 체험과 경험을 통해 앞으로 만날 다양한 것들에 대해 대처할 수 있는 능력을 키우기 원한다. 또한, 친구들과 어울리며 다양한 놀이와 활동을 통해 자신의 꿈을 발견하는데 더 많은 시간을 쓰고 싶어 한다.

 그렇다고 공부를 하지 않겠다거나 포기하겠다는 것은 아니다. 오히려 공부를 포기할 수 없다는 것을 잘 알고 있다. 공부할 때 자신의 미래에 대해 좀 더 잘 준비할 수 있다고 생각하기 때문이다.

 공부를 잘하는 학생과 그렇지 않은 학생들을 대상으로 오랜 시간에 걸쳐서 "잘하고 싶은 것이 뭐야?"라고 물어본 적이 있다. 그 결과 놀랍게도 공부를 잘하는 학생뿐 아니라 그렇지 않은 학생들도 한결같이 한 말이 "공부 잘하는 거요"라고 말했다. 자녀는 공부를 잘하든 그렇지 않던 공부 해야 한다는 것을 알고 있다. 그런데도 학교 공부 외에도 다양한 경험과 놀이를 통해 더 많은 것을 배우고 익히는 것도 놓칠 수 없다는 것을 알고 있다.

 이런 모습이 부모가 볼 때 공부를 하고 있지 않은 것처럼 보일지 모르지만, 자녀 스스로 진로에 대해 매우 신중하게 생각하고 있으며 중요하다는 것을 알고 있다. 그러므로 자녀에게 필요한 것은 책상에 앉아서 공부하라는 말보다 아빠와 함께 다양한 것들을 경험하고 알아가 보자 하는 말이 필요하다. 아빠와 함께 만들어진 다양한 경험은 자녀가 왜 공부해야 하는지에 대한 방향성을 찾는

데 큰 도움이 되며 방향성이 정해지면 원하는 목표를 이루기 위해 책상에 앉아 공부를 시작할 목표가 생겨난다.

아빠는 명절이 되면 가끔 만나는 친척처럼 용돈을 주며 칭찬 한마디 하고 각자의 시간을 보내는 먼 사람이 아니다. 가끔 동네에서 귀엽다며 과자를 사주는 옆집 아저씨도 아니다. 직장 생활이 바쁘다고 힘들다는 이유로 자녀와 함께하는 시간을 가지지 못한다면 자녀가 성장하고 난 뒤 어느덧 어색한 사이가 되어 말 한마디 섞기가 어려운 관계가 될 수도 있다.

아빠는 자녀의 양육과 교육에 관심을 가져야 한다. 하지만 아빠의 교육은 엄마와는 달라야 한다. 다양한 사회를 경험하게 하고, 놀이를 통해 가족 및 또래와 건강한 관계와 소통을 경험하게 하고, 다양한 방법으로 삶을 살아갈 수 있는 것을 경험하게 해야 한다.

아빠들이 가지고 있는 다양한 경험과 놀이는 책상에서 앉아서 공부하는 방식과는 확연히 다르다. 책상에서 공부하는 방식은 1+1=2 라는 정해진 답을 찾을 수 있을지 모르지만, 아빠와 함께하는 경험과 놀이는 정답을 제시하거나 정해진 정답을 알려주지 못할 수 있다. 하지만 함께 경험하고 놀이하는 것을 통해 문제를 풀어갈 수 있는 다양한 방법을 스스로 익히고 그 방식을 통해 사회를 보다 다양하고 넓게 볼 수 있는 경험을 축적하게 된다.

그러므로 공부를 잘해야만 자신의 미래가 밝을 것으로 생각하는 자녀에게 사회를 살아가는 데 있어 공부보다 경험을 통해서 더 많은 것을 알아갈 수 있음을 알려주는 것이 필요하다. 공부를 통해서 얻는 지식은 좋은 대학과 직장을 구하는 데 도움이 될 수 있겠지만 자녀가 경험하는 다양한 경험은 인생을 살아가는 동안 평생에 걸쳐서 도움이 된다.

그러므로 아빠가 가지고 있는 다양한 경험과 지식을 자녀와 함께 공유하고 더 멋진 삶을 꿈꾸고 살아갈 수 있도록 자녀의 삶에 함께 참여하고 함께 성장한다면 자녀는 아빠의 모습을 통해 더 멋진 사회를 꿈꾸고 보다 멋진 내일을 준비할 것이다.

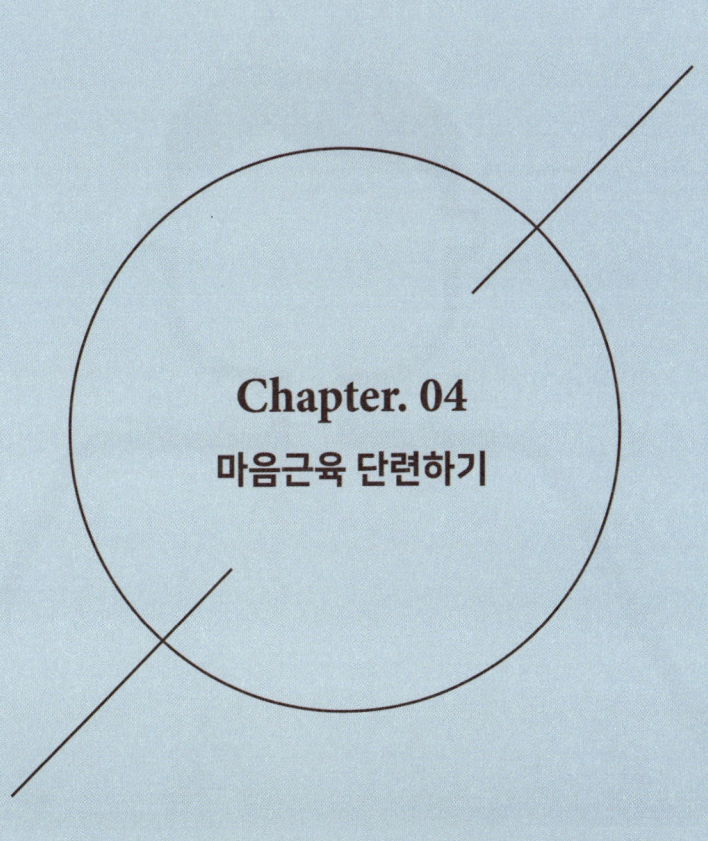

Chapter. 04
마음근육 단련하기

아빠와 자녀 함께 할 수 있는 다양한 놀이

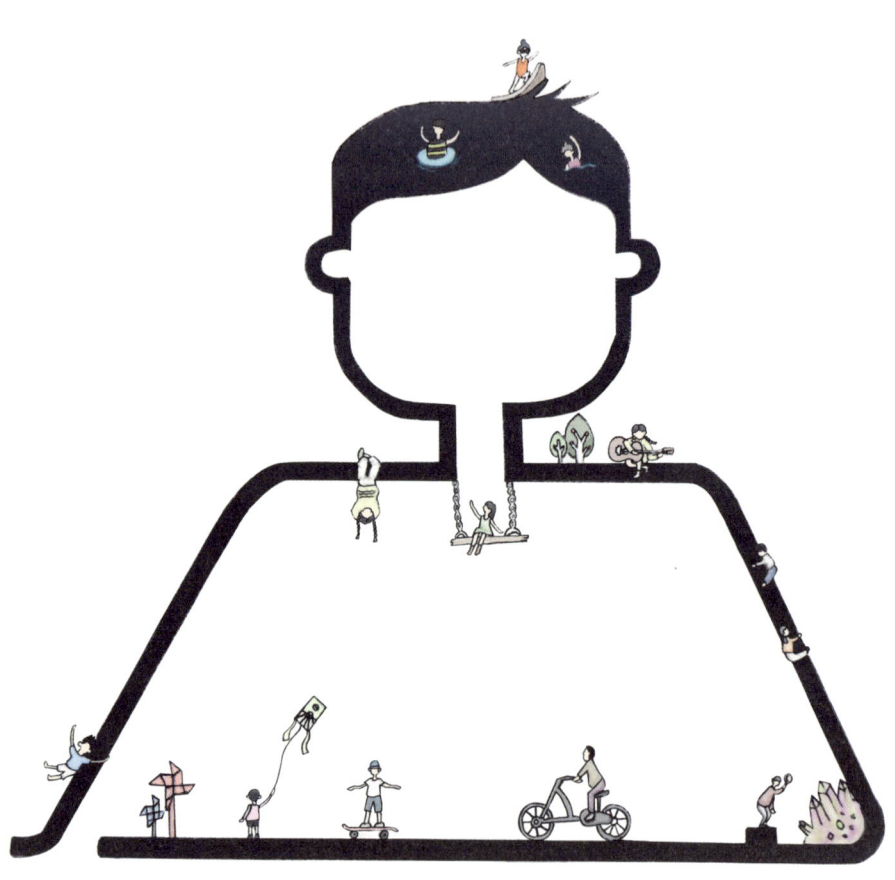

놀이라고 하면 처음 떠오르는 것이 어렸을 때 아무것도 모르던 시절에 놀던 것이 놀이라고 생각한다. 바꿔서 이야기하면 성인이 되는 과정에서 놀이는 자연스럽게 사라지거나 없어도 된다는 듯한 느낌이 들기도 하는 것이 사실이다.

그래서인지 자녀와의 놀이를 이야기하면 유아기에 자녀와의 놀이를 생각하는 경우들이 많이 있다. 현대 사회가 되어서야 아빠들이 자녀와 많은 시간을 보내고 함께 놀아주려고 노력하고 있지만, 여전히 자녀와 놀이를 한다는 것은 어렵고 힘든 일이라고 생각하는 경우가 많다.

특히 자녀가 아동기를 지나 청소년기가 되면 무엇을 하고 놀아야 하는지 막연하게 생각이 든다고 말한다. 이 또래의 자녀가 놀이할 때면 "넌 도대체 나이가 몇 살인데 아직도 애들처럼 놀기만 하고 그러냐?"라며 무안을 주는 것도 사실이다.

놀이의 효과에 관해 이야기하기 위해서는 유아기 때의 행동이라고 생각하는 것들을 먼저 내려놓아야 한다. 놀이는 다양한 사람들이 함께 공감하고 소통하는 방법이며, 놀이를 통해 사회생활에 필요한 것들을 배워가는 과정이 되기도 한다. 그러므로 자녀가 그 시기에 맞는 놀이를 한다는 것은 더욱 원활한 사회생활과 관계를 배워가는 중요한 성장 과정이라 말할 수 있다.

성인이 된 우리도 사회생활을 하면서 부딪히는 많은 스트레스 요인들을 해소하려고 할 때 놀이를 통해 스트레스를 해소한다. 놀이를 통해 그동안 친하지 않았던 사람들과 친해지는 계기가 되기도 하고, 마음속 이야기를 터놓고 말할 수 있는 계기가 되기도 한다.

또한, 자기 일을 즐기며 하는 사람은 절대로 이길 수 없다는 말이 있다. 이 말은 자기 일을 놀이하듯이 하는 사람이 더 성장할 가능성이 크다는 말이다. 즉 놀이는 유아기뿐 아니라 성인이 되고, 자신의 목표를 향해 가는 모든 사람이 갖춰야 할 중요한 요소라고 할 수 있을 것이다.

하지만 현실에서 자녀의 놀이를 이해할 때 이런저런 이유로 자녀들을 놀지 못하게 하고 있다. 그로 인해 놀지 못하는 자녀는 무기력에 빠지게 되고, 자신이 누구인지 찾지 못하는 혼란의 시기를 더욱 어렵게 만들기도 한다.

"자녀와 많은 시간을 보내며 놀아주세요"라고 말하면 많은 아빠들은 무엇을 하며 놀아야 할지 모르겠다고 말한다.

어떤 경우는 자녀와 놀이를 하면서 해답을 주려고 하거나 놀이의 주도권을 아빠의 기준에 맞춰서 제시하는 등 놀이에서조차 의미를 부여하려고 한다.
하지만 자녀가 성장하는 만큼 주도성도 점점 자녀에게 부여해야 한다.

놀이할 때 필요에 따라서 의미가 있는 것도 필요할 수도 있지만, 놀이는 그 자체만으로도 충분한 의미가 전달될 수 있다.

자녀가 어리다면 함께하고 있는 시간 자체로 충분한 의미가 부여될 수 있다. 자녀가 성장해서 아동기나 청소년기가 되었다면 다양한 경험들 속에서 스스로 해답을 찾게 만들어 가게 하면서도 언제든지 "너와 함께하고 있어"라는 것을 인지시켜줌으로 언제나 네 편이라는 생각을 가지게 하는 것이 필요하다.

일반적으로 아빠가 엄마보다 훨씬 더 많은 활동적인 놀이를 알고 있다. 아빠와 함께 만들어 가는 활동적인 놀이는 자녀의 뇌 발달을 돕는다. 그러므로 아빠와 함께하는 놀이를 많이 경험한 자녀일수록 자녀 스스로 긍정적으로 생각하게 만들고 자신의 한계를 단정 짓지 않고 능력을 키워가는 계기가 되기도 한다.

아빠와의 놀이는 경험하지 못한 사회에 대한 호기심을 자극한다. 몸으로 하는 놀이는 자녀에게 풍부한 창의성을 심어준다. 아빠와 함께한 놀이는 근육의 발달과 함께 신체의 발달을 성장시키며 체력을 키워주기도 한다. 즉 아빠와 몸으로 부딪치며 함께한 놀이는 자녀에게 오랫동안 기억으로 남아 긍정적 에너지로 작용한다.

자녀를 양육하는 나에게 있어서도 놀이는 중요한 요소이다. 자녀는 아빠의 말을 통해 배우기보다 함께하는 모습과 평상시 표현되는 것을 통해 배우는 것이 더 많기 때문이다. 그래서 자녀를 양육하면서 앞으로 만나게 될 사회를 좀 더 재미있고 흥미로운 곳으로 기억하기 원한다. 자녀가 볼 때 나의 삶이 늘 놀이처럼 즐겁고 신나는 요소들이 많아 많아지기 기대한다. 그래서 아침이면 "오늘도 즐겁고 재미있게 보내자"가 인사가 되고, 하루를 마무리할 때도 "오늘은 어떤 것이 재미있었어?"라고 말하려고 노력한다.

자녀와의 놀이는 어떻게 해야 할까? 자녀와 함께하는 다양한 놀이가 있겠지만 유아기, 아동기, 청소년기로 크게 세 가지로 나눠서 생각해볼 수 있다.

첫째 유아기 때는 모든 것을 받아들이고 호기심을 가지는 시기이며, 새로운 것에 대해 쉽게 흥미를 느끼는 시기이다. 또한, 뇌 발달도 가장 왕성하게 성장하는 시기여서 이때 기억되는 것은 평생을 살아가는 데 큰 영향을 끼치는 시기이다. 따라서 아빠와 애정이 담긴 신체접촉 놀이는 자녀에게 안정감을 주며 사회는 안전하다는 인식하게 하고 리더십을 심어주는 등 다양한 발달에 도움이 된다.

신체접촉 놀이라고 해서 어려운 것은 아니다. 자녀와 함께 할 수 있는 공간 자체가 놀이 공간이 될 수 있다. 이미 어린 시절 경험한 다양한 놀이를 생각하면 쉽게 찾을 수 있을 것이다. 놀이는 새로운 것들을 하는 것이 아니라 기존에 알고 있던 것들부터 시작하는 것이 중요하다.

칼싸움은 자녀에게 아빠의 변화무쌍한 공격에 적절한 수비를 하면서 자신을 방어하고, 아빠를 이기기 위해 노력하는 과정을 통해 노력을 통해 스스로 할 수 있다는 용기를 심어준다. 처음 시도했을 때는 쉽게 이길 수 있도록 해주는 것도 좋지만 시간이 지나고 자녀가 성장하는 과정에서 난이도를 높이며 도전하는 것도 도움이 된다.

비행기 태워주기는 아빠의 강한 힘을 활용한 놀이로 아빠와 함께하면 무엇이든 할 수 있다는 자신감을 심어주면서도 전율을 경험하면서 창의성을 발달시키는 놀이이다. 스스로 할 수 없는 한계를 경험하고 높이 날아오르거나 떨어지는 등 위험한 상황으로 인식이 될 수 있지만, 아빠가 함께한다는 것을 알기에 두려워하거나 걱정할 것이 없다고 믿으며 안정감을 경험하기도 한다.

공을 던지고 받기나 축구 등의 놀이는 함께함의 중요성을 인식하게 되고 공을 주고받는 놀이를 통해 상호관계를 어떻게 이어가야 하는지를 경험하며 사회에서 대인관계를 만들어 가는 데 도움이 되는 놀이이다. 다른 사람과 함께 할 때 어떤 방식을 통해 접근해야 하는지를 알게 하고 자신과 타인이 함께 협력해야 성과를 이룰 수 있다는 것을 경험하게 한다.

이불 놀이는 다양한 경험과 창의성을 길러주는 놀이로 이불에 태우고 끌어주는 놀이는 아빠에 대한 믿음과 함께함의 신뢰감을 쌓는 놀이가 될 수 있으며 그 안에서 흥미로움을 경험할 수 있는 놀이이다. 또한, 이불에 자녀를 태워 흔들어 주는 놀이는 안정감을 누리고 부모가 자신을 보호하고 지켜줄 것이라는 신뢰가 형성되는 놀이가 되기도 한다.

그러므로 이 시기에는 무엇을 해야 도움이 될 것인가를 고민하기보다 다양한 경험을 통한 놀이를 통해 경험하게 하는 것이 중요하다고 할 수 있다.

둘째 아동기 때는 운동 능력이 발달하면서 스스로 무엇인가 할 수 있는 것을 경험해 가는 시기이다. 또한, 심리적 발달을 통해 규칙을 세우기도 하며, 다른 나라와 우주 등에 대해 폭넓게 생각하고 인식하는 시기이다. 이 시기에 아빠와의 놀이는 가족 관계의 중요성을 인식할 뿐 아니라 스스로에 대한 믿음을 가지고 할 수 있다는 용기를 심어준다.

아동기 시기가 되면 자녀와의 놀이에서 무엇을 해야 할지 고민을 하게 되고 마땅한 놀이를 찾는 것에 어려움을 경험하면서 아빠와의 놀이보다 학원이나 동아리 활동을 보내는 경우들이 있다. 아빠와의 놀이를 넘어 다양한 경험과 놀이를 하는 것도 중요하지만 그렇다고 아빠와의 놀이가 필요하지 않은 것은 아니다. 이 시기의 자녀는 새로운 것을 경험함으로 흥미를 느끼며 재미있게 참여하면서도 아빠와 함께하는 시간을 놓치는 것을 아쉬워한다. 그러므로 이 시기에 할 수 있는 놀이로는 경험의 폭을 넓혀주고, 규칙을 지켜나가는 것 등을 통해 놀이를 만들어 갈 수 있다.

규칙 놀이 : 자녀와 함께하는 놀이에서 아빠와 함께 규칙을 정하되 자녀 스스로 규칙을 정하고 그것을 실천할 수 있는 놀이는 자녀에게 규범과 규칙의 중요성을 인식하게 하고 도덕성을 길러준다. 다양한 놀이를 통해 규칙을 정할 수 있지만, 만약 규칙을 정하면서 놀아주는 것이 어렵거나 고집을 부리는 자녀에게 쉽게 접근할 수 있는 놀이는 보드게임이다. 보드게임에서 정해진 규칙은 일부러 규칙을 세우지 않아도 되기에 정해진 규칙을 따르는 것이 중요함을 인식할 수 있다. 처음 시작은 난이도를 낮춰서 시작하되 점점 높이는 방법을 이용하면 좋다. 아빠의 전략으로 의도적으로 이기거나 져주는 것을 통해 자녀가 스스로 이기고 지는 것을 경험할 수 있다.

다양한 경험하기 : 이 시기의 자녀에게 매우 중요하다. 집에서 이루어지던 놀이에서 바깥 활동을 통해 다양함을 경험하게 할 수 있는데 가까운 곳을 가더라도 자녀에게 무엇을 보는 것에서 시작할 수 있다. 자녀의 생각을 물어보는 것은 다양함에 대한 창의성 발달에 도움이 되며 자기 생각을 전달하는 것을 통해 발표력 향상에도 도움이 된다. 그뿐만 아니라 자녀가 관심을 가지는 것이 무엇인지 알게 되어 진로를 생각하고 찾아주는 데도 도움이 된다. 이때 주의할 것은 아빠가 해답을 주려고 하거나 자녀의 생각이 잘못된 것이라고 구박을 주면 안 된다. 오히려 아빠가 보고 느낀 것은 무엇인지 함께 이야기 나누고 아빠의 생각은 이

렇다고 이야기하는 것이 중요하다. 아빠의 생각을 전달하는 것만으로도 자녀는 자기 생각과 비교하게 되고 다양함을 생각하게 된다.

무엇이든 되어보기 : 이 놀이는 자녀에게 다양함에 관한 생각을 가지게 만들고 부딪히지 않은 사회에 대해 도전해볼 만한 가치가 있다고 인식하게 된다. 이 시기의 자녀는 하고 싶은 것이 한창 많을 때이기에 수시로 꿈이 바뀐다. 그러므로 꿈이 자주 바뀐다고 구박하면 안 된다. 비록 부모의 기대에 미치지 못하는 것을 하고 싶다 할지라도 왜 그런 생각을 하게 되었는지 그것을 하고 싶은 이유는 무엇인지 물어보는 것이 중요하다. 그 일을 하면 무엇이 좋을지 자녀에게 들었다면 긍정적인 마음을 가진 것을 충분히 칭찬해주는 것이 중요하다. 이런 칭찬은 자녀에게 할 수 있다는 용기를 심어준다.
만약 무엇을 하고 싶다고 이야기한다면 하고 싶은 것을 탐색해보고 함께 찾아보는 것으로 자신에 대해 생각하고 앞으로 만날 사회에 대해 기대하게 만든다.

공동체 놀이 : 타인과 함께할 수 있는 공동체 놀이는 관계의 중요성과 협력과 리더십을 배우는 데 도움이 되는 놀이이다. 아동기는 부모와 함께하는 애착의 관계도 중요하게 여기지만 반면 타인과의 관계 속에서 자신을 알아가고자 하는 욕구가 있다. 유아기 때 가족과 함께하는 놀이를 통해 긍정적 관계를 만들었지

만, 이 시기의 자녀는 타인과 함께하는 시간을 통해 자신에 대해 긍정적으로 생각하게 되며, 자신의 존재에 대해 중요함 뿐만 아니라 타인에 대해서도 중요함을 알아가게 된다. 공동체 놀이를 통해 성장한 자녀는 타인과의 다양한 관계에서 적절히 협력하고 어떻게 소통해야 할지를 배우게 된다.

 셋째 청소년기는 부모와의 관계를 벗어나 또래 관계를 통해 자신의 정체성을 알아가며, 스스로 무엇인가 해보는 경험을 통해 자신의 능력을 알아가는 시기이다. 겉으로 보이기는 수시로 변하는 모습으로 가족을 당황스럽게 할 때도 있지만 속으로는 자신을 알아주길 바라는 마음이 존재하며, 타인에게 인정받고 싶은 욕구가 있다. 스스로 해보려고 하는 경험은 서툴러 실패를 가져오기도 하지만 이런 경험을 통해 자신의 존재를 찾아가기 원하는 시기이다. 청소년기의 놀이는 아동기까지의 놀이와는 다르다. 함께하는 놀이보다 생각을 나누고 지지하는 방식이 강조되며 자신에 대한 불안함을 낮추고 할 수 있다는 자신감을 심어주는 방식이 중요하다.

창의성 놀이 : 이 시기의 자녀는 끊임없이 많은 상상을 하면서도 자신의 능력을 알지 못해 위축되기도 한다. 스스로 무엇인가 찾으려고 하지만 이내 할 수 없다는 불안감을 경험하기도 한다. 이때 불안감을 조성하거나 "잘하는 게 뭐가 있

는데?"라는 말을 듣게 도면 자신은 더 잘할 수 있다는 기대감을 저버리고 "역시 할 수 없구나!"라고 생각하게 된다.

이때 아빠의 역할을 매우 중요한데 자녀의 이야기를 충분히 들어주고 인정해주는 것이 중요하다. 지금 무엇인가 할 수 없어 불안하다고 느낄 때 아빠가 "걱정하지마"라는 말에 힘을 얻게 되고 자신에 대해 많은 상상을 하며 할 수 있다는 자신감을 심어주게 된다. 이 시기의 창의성 놀이는 자녀의 생각을 인정해주고 옆에서 지지해주는 것으로도 공감대를 형성하게 되며, 자기 생각을 지지해주는 내 편이 있다는 생각이 들어 마음의 안정감을 가지는 데 도움이 된다.

연극놀이 : 이 놀이는 직접적인 경험이 될 수도 있지만, 연극을 관람하거나 영화를 보는 것으로도 도움이 된다. 직접 경험하는 방식으로는 진로에 대해 좀 더 구체적으로 탐색하거나 그 사람들의 삶에 대해 생각해보는 것이다. 특정한 분야의 업무에 대해 알아보고 필요한 자격증을 따는 것으로 할 수 있다는 자신감을 심어주게 된다. 이때 자녀 스스로 할 수 있게 하는 것도 중요하지만 언제든지 필요한 부분이 있으면 도움을 주겠다고 하여 자녀의 불안함을 낮춰주는 것이 중요하다. 또한, 간접적인 경험은 연극을 보거나 영화를 보는 방법으로 직접 경험하는 수고와 노력을 줄일 수 있지만 다양한 사람들의 삶을 경험할 수

도 있다.

주도성을 심어주는 놀이 : 스스로 무엇인가 해볼 수 있게 경험하게 하는 것이다. 동네를 벗어나 새로운 곳을 가보는 것, 가족 여행을 할 때 해보고 싶은 것이 있는지 나눠보고 함께 해보는 것, 또래와의 관계에서 자신의 의견을 적절히 표현해보는 것 등이 있다. 여기서 중요한 것은 자신의 의견을 이야기할 수 있도록 하는 것이다. 계획을 세우고 실천할 수 있는 것부터 시도해보기 등도 주도성을 길러주는 데 도움이 된다. 아주 작은 계획이라 할지라도 실천해보는 것이 중요하며, 실패했다 할지라도 실패를 강조하기보다 성공한 것에 의미를 두고 칭찬하는 것이 중요하다. 작은 실천이 모여 할 수 있다는 자신감을 가지게 만들고 할 수 있다는 자신감을 심어주기 때문이다. 아빠의 성공담과 함께 실패했던 경험을 이야기해보고 나누는 것도 도움이 된다.

청소년기는 자신의 정체성을 찾아가는 시기로 나는 누구인지? 무엇을 해야 잘할 수 있는지를 탐색하는 시기이다.

이때 옆에서 지지하고 격려해주는 아빠의 영향은 매우 중요하다. 자녀와 함께 떠나는 여행도 중요하지만, 옆에서 믿음을 주고 든든한 버팀목이 되어주는 것만으로도 자녀는 안정감을 누리며 자기 생각을 충분히 들어주고 지지한 아빠에게 감사함을 느끼게 된다. 이는 자녀 스스로 무엇인가 할 수 있다는 자신감을 심어준다.

책보다 활동과 체험을 통해 자신의 삶을 깨우치게 하자

자녀가 아동기와 청소년기를 지나면서 가장 고민하는 것은 "나는 누구인가"에 대한 질문이다. 이 질문에 대한 적절한 답을 찾아가는 과정을 통해 무엇을 할 수 있는지? 무엇을 할 때 가장 행복한지를 찾아가고자 하는 욕망이 있다.

 그러면서도 아직 살아보지 못한 인생에 대한 두려움과 자신에 대한 정체성을 찾지 못한 자녀는 자신의 능력을 작게 보거나 아무것도 할 수 없다는 마음을 가지고 더 앞으로 나가는 것을 두려워한다.

 부모도 이 시기의 자녀에게 무엇인가 도움을 주기 위해 선택하는 것이 학원에 다니게 하거나 공부를 하는 것으로 자녀의 고민을 해결하려 한다. 자녀에게 공부를 잘해야 성공을 할 수 있다는 막연한 기대감을 심어주며 자녀가 가진 재능과 강점보다 오직 공부만이 성공으로 가는 유일한 길이라고 알려주는 실수를 범하기도 한다.

자녀는 공부를 잘해야 한다는 부모의 말을 듣고 시키는 대로 학원도 다니면서 공부를 하려고 하지만 왜 공부를 해야 하는지 알지 못한다. 결국, 자녀는 공부하는 것이 자신에게 도움이 된다고 생각하기보다 부모가 하라고 해서 하는 것이 되거나 막연한 생각으로 "나중에 잘되겠지?"라며 사막에서 오아시스를 찾아다니는 것처럼 막연한 내일에 대한 신기루를 찾아다니며 공부를 한다.

자녀의 올바른 성장과 진로를 찾아주기 위해서는 무엇이 필요할까? 자녀의 성장과 진로를 두고 한 가지로 정의를 내릴 수 있는 것은 없지만 몇 가지만 살펴보면 좀 더 쉽게 자녀에게 필요한 방향성을 제시할 수 있다.

첫째로 자녀를 처음 만났을 때의 성향을 되짚어 보자.
자녀가 처음 태어났을 때를 기억할 것이다. 자녀는 자신만이 가지고 있는 독특한 성향을 지니고 태어난다. 이 성향은 부모의 성향을 물려받기도 하고, 성장하는 과정을 통해 다양한 경험과 지식을 배우면서 자신만의 강점을 만들어 가면서 점차 형성되기도 한다.

처음 타고난 성향을 살펴봐야 하는 것은 자녀가 어떤 모습으로 성장할 때 가장 자신다운지를 알 수 있는 중요한 정보가 되는데 태어나면서부터 가지고 있는 성향을 아는 것으로도 자녀다운 모습으로 성장하는 데 도움을 줄 수 있기 때문이다. 이것은 자신이 누구인지 알아가는 데도 매우 중요하다.

 저자의 자녀가 태어났을 때의 기억이 지금도 생생하다. 태어나는 순간 첫째와 둘째가 확연히 달랐다. 첫째는 태어났을 때 작은 목소리로 울었고, 아빠의 이야기를 마치 듣고 있는 것처럼 눈도 마주치는 반응을 보였던 반면 둘째는 온 병원이 떠나갈 정도로 크게 소리를 내서 울며 자신의 존재를 드러내었다. 한참의 시간이 흐르면서 자녀들의 성장 과정을 보면서 발견하게 된 놀라운 사실은 처음 태어났을 때의 모습을 여전히 간직한 채 자신의 삶을 살아가고 있다는 것이다.

자녀가 태어나면서 가지고 있는 성향을 다시 되짚어 보면 자신만이 가지고 있는 독특성을 발견하게 될 것이다. 그러므로 다시 한번 그 시기의 자녀의 모습을 떠올려보고 그들의 성향을 파악해보면 좋다. 이것은 자녀를 알아가고 그들의 성향과 진로를 찾아가는 중요한 키가 될 수 있기 때문이다.

 둘째로 자녀가 관심 있어 하는 부분을 파악하는 것이 필요하다.
 자녀가 성장하면서 다양한 경험을 하면서 자신이 무엇을 좋아하는지 늘 말하던 순간을 기억해보면 좋을 것이다. 대개 자녀가 성장하는 과정에서 초등학교 저학년까지 자신이 무엇을 잘하는지, 어떤 부분에 관심이 있는지 말이나 행동 등 다양한 방법을 통해 자신이 관심 있는 부분을 표현한다.

타고난 성향 다음으로 중요한 것이 성장 과정에서 자신의 다양함을 경험하고 나타내는 것인데 이는 자신을 성장하게 만드는 요소가 되며 자신만의 독특한 나를 만들어 가게 한다.

사람과의 만남에서 어떻게 표현하고, 무엇에 관심을 기울이는지 관심을 가져야 한다. 어떤 자녀는 말을 많이 하거나, 논리적인 것에 관심을 두기도 하며, 곤충이나 자연환경에 관심을 가지거나, 음악이나 다양한 관계 등에 관해 관심을 보이기도 한다.

이런 행동을 관찰하기 위해서는 무엇을 해야 할까? 자녀는 자신에게 관심이 있는 것을 볼 때 한참을 머물러 있거나 다양한 방법으로 표현한다. 이때 부모는 시간이 없다고 자녀의 행동을 무시하지 말고 관심 있어 하는 부분을 자세히 살펴보면 좋다.

나의 자녀도 성장 과정을 통해 관심을 보였던 부분이 있다. 첫째 자녀는 사람에 관한 관심과 자연에 대한 관심이 있었으며, 사람들과의 관계를 중요시하고, 자연과 동물에 관심을 가지는 것을 통해 자신이 좋아한다는 것을 표현하였다. 그래서인지 자신의 진로를 생각하면서 제빵사가 되거나 상담학을 공부하고 싶어 한다. 제빵사가 되고 싶은 이유에 관해서 묻자 맛있는 빵을 만들어서 많은 사람이 행복하게 먹는 것을 보면 기분이 좋기 때문이라고 한다. 그래서인지 학교에서 배우는 제빵 시간을 통해 만든 것을 가족에게 먼저 나눠주고 좋아하는 사람들에게 나눠주는 것을 통해 행복을 느낀다.

둘째 자녀는 음악과 외적으로 활동하는 것에 관심이 있으며, 많은 사람과 어울려 활동하는 것을 좋아하며 리더십을 가지고 또래들을 이끌어가는 것을 좋아한다고 표현하였다. 그래서인지 자신의 진로를 생각하면서 가수가 되고 싶다고 하거나 사람들에게 자신을 나타내는 것을 좋아한다. 많은 노래를 따라 하거나 가수들의 이름과 그룹의 이름을 잘 알고 있고, 장시간 차로 이동할 때면 노래를 크게 틀고는 잠시도 쉬지 않고 몸을 흔들면서 자신의 능력을 발휘하려고 한다.

이처럼 자녀가 성장하는 과정을 통해서도 가지고 있는 독특성을 발견할 수 있으며 그들의 성향을 잘 알려줄 수 있다. 이때 중요한 것은 자녀가 가지고 있는 성향이나 재능을 무시하거나 "뭘 할 수 있었겠냐?"라고 말하며 자녀의 관심 분야에 대해 무시하면 안 된다. 자신이 가지고 있는 영향을 충분히 나타낼 때 자녀는 자신에 대해 긍정적으로 생각하며 무엇을 할 수 있다는 자신감을 가지기 때문이다.

자녀는 자신이 가지고 있는 능력을 나타내고 발휘하면서 자신의 정체성을 발휘한다. 그러므로 이 능력을 감추려고 하거나 무시하게 되면 자녀는 자신의 정체성을 알아가는 과정을 통해 자신을 왜곡하거나 가면을 쓰면서 자신의 존재를 제대로 발휘하지 못하게 된다. 이 모습이 장기화할수록 자신에 대해 혼란을 느끼게 되며, 제대로 된 자신의 정체성을 찾지 못하면 성인이 되고 나이가 들어서도 끊임없이 자신을 찾아가고자 하는 모습을 보이기도 한다. 그러므로 자녀가 어렸을 때 자신의 성향을 제대로 발휘하게 하는 것은 정체성과 진로를 찾는 데 도움이 될 뿐 아니라 자신다운 모습으로 살아갈 수 있도록 돕는다.

셋째로 다양한 경험을 통해 생각의 폭을 넓혀주는 것이 필요하다.
자녀가 성장하는 과정에서 가지고 있는 성향을 발휘하게 하되 다양한 경험을 하는 것 또한 중요하다. 자녀는 부모와 함께하는 과정을 지나 더 넓은 사회를 경험하는 과정을 통해 어떤 영향을 끼치며 살아갈 수 있는지 찾아가게 된다.

하지만 낯선 사회에 대한 경험을 통해 스스로 무엇인가 해보려는 마음과 달리 두려워하는 마음과 무엇을 해야 할지 모르는 자녀는 제한된 장소와 시선에 머물게 된다. 이때 아빠가 가지고 있는 다양한 사회적 경험과 자녀가 가보지 못한 곳을 경험하게 하는 것, 알지 못하는 다양한 직업의 세계 경험 등을 함께함으로 자녀는 더 넓고 다양한 생각을 가지게 된다.

다양한 경험이라고 해서 많은 곳을 다니거나 무리해서 다니라는 것은 아니다. 자녀에게 좋은 기회를 제공한다고 해서 비싼 돈을 들여서 다니는 여행이나 며칠씩 시간을 내야 하는 것을 말하는 것도 아니다. 자녀에게 가장 필요한 것은 가족과 함께하는 시간 안에서 다양한 것을 보고 경험할 수 있는 것이 필요하다. 가족과 함께 가까운 곳을 가더라도 다양함에 대해 충분히 탐색할 수 있는 시간이 필요하고, 잠깐의 시간을 내더라도 함께 탐색하고 문제를 해결할 수 있는 것이 필요하다.

여행을 갈 때 가장 중요한 것은 어디로 가는 것이 아니라 누구와 함께 가는 것이 중요하다는 말이 있다. 그러므로 비싼 비용과 무리한 것이 아니라 하더라도 스스로 경험하고 알 수 있는 시간을 통해 많은 생각을 하게 해주는 것이 필요하다.

자녀와 함께하는 경험을 했다면 무엇을 보고 느꼈는지 이야기를 나눠보는 것도 중요하다. 자녀와 대화를 하다 보면 부모가 보기 원하고 이해하기 원했던 것과는 달리 자녀가 보고 싶은 것을 보고 이해하고 있다는 것을 알게 될 것이다. 이때 부모와 경험한 것이 차이가 있다 하더라도 그 생각과 이야기를 무시하지 말고 충분히 들어준 후 부모가 보고 경험한 것도 이야기해준다면 자녀는 자신이 경험한 것 외에 다른 것도 볼 수 있다는 것을 알게 되어 더 많은 것을 이해할 수 있게 된다.

넷째로 스스로 자신이 가고 싶어 하는 방향을 탐색하는 것이 필요하다.
 자녀가 가족과 함께한 경험이 있거나 청소년기가 되었다면 서툴더라도 스스로 자신이 가고 싶어 하는 방향을 탐색하고 찾아보게 하는 것이 필요하다. 이 시기의 자녀는 다양한 실패의 경험을 통해 자신이 무엇을 잘하는지 무엇을 할 때 행복할 수 있는지 찾아가고 싶어 하는 마음이 있다.
 이때 중요한 것이 아빠의 긍정적 지지이다. 자녀는 스스로 무엇인가 하면서 실패를 하는 경험을 통해 자신을 알아가기도 하지만 실패로 인해 위축되는 경험도 하게 된다. 이때 그들의 행동과 선택을 잘못됐다고 혼내는 것은 자녀에게 더 큰 위축감을 주게 되고 스스로 할 수 있다는 자신감을 상실하게 된다.

"그러니까 아빠 말을 들었어야지?"라고 말하기보다 "아빠도 너와 같은 시기에는 실수도 하고 실패도 했었어!"라며 건네는 말은 자녀에게 위안이 되고 힘이 된다.

사람은 아프면서 성장한다는 말이 있다. 실제로 자녀가 어렸을 때 아픔을 경험하고 나면 무엇인가 달라져 있는 것을 알고 있을 것이다. 하지만 부모는 자녀가 성장 과정을 거치면서 아픔은 겪지 말아야 할 것으로 생각하며 그들의 실패와 실수에 대해 민감하게 반응하고 다그치는 모습을 보게 된다.

성인이 되고 난 후에도 우리는 실패하고 실수할 때가 얼마나 많은가? 그러므로 아직 자신의 정체성을 찾지 못한 자녀가 실패하고 실수하는 것은 당연하다. 어렸을 때의 다양한 실패의 경험은 다시는 경험하지 말아야 할 아픔으로 남아있을 수는 있지만, 오늘을 살아가는 데 있어 더 성숙한 모습으로 만들어 간다. 분명 실패는 아픔과 고통을 동반하지만 멋지게 성장할 수 있는 발판이 되기도 한다.

자녀가 건강한 모습으로 성장하기 원하고 스스로 무엇인가 찾아가면서 자신의 길을 가기 원한다면 아빠의 지지와 긍정적 격려를 아끼지 말아야 한다. 실패에 대해 그럴 수 있다고 말해주고, 작은 성공의 경험에 대해서 칭찬을 해주는 것은 자녀에게 할 수 있다는 자신감을 심어주게 된다.

아빠의 격려와 긍정적 지지는 자녀가 어디로 가야 할지, 무엇을 해야 할지 알지 못하는 때에 나침반과 같은 역할을 한다. 자녀에게 힘든 순간에 세상 무엇보다 든든한 지지자인 아빠가 있다는 사실에 힘을 얻게 되고 자신에 대해 알아가는 것을 주저하지 않는다.

공부보다 사회 구성원으로 지켜야 할 규범을 가르쳐라

자녀가 태어나기 전부터 살아갈 공간을 만들기 위해 방도 예쁘게 만들고, 옷과 장식으로 자녀의 공간을 꾸몄던 기억이 있을 것이다. 혹시나 자녀가 태어나기 전에 문제가 생기지 않을까 생각하며 평상시와 다른 말투와 태교를 하고, 좋은 음악을 듣거나, 음식을 먹기도 한다. 이런 행동은 최대한 자녀가 행복한 곳에서 지내기 원하는 마음을 담고 있기 때문이다. 자녀가 태어나는 것은 세상에서 가장 기쁘고 가치 있는 일이기에 세상의 어떤 것을 가져다줘도 비교할 수 없을 만큼 귀하고 소중한 시간임을 부모는 알고 있다.

이런 태교 과정과 성장 과정에서 자녀가 혹시나 어려움을 겪거나 위험한 일을 겪을까 자녀에게 눈을 떼지 못한다. 자녀가 좀 더 좋은 사회에서 멋지게 성장하기 기대하는 마음이 있기 때문이다.

이렇듯 자녀에 대한 기대감으로 가득한 부모에게 "자녀에게 물려주고 싶은 것이 있나요?"라고 질문을 하면 부모는 자신만의 소신과 철학을 가지고 자녀에게 물려주고 싶은 것들을 이야기한다. 하지만 "자녀가 이 나라에서 사는 것은 어떤가요?"라는 질문에는 거의 모든 부모의 대답은 한결같다. "기회만 된다면 다른 나라에서 공부하는 것을 권장하죠."

우리는 이 나라에서 사는 것을 어쩔 수 없는 선택이라고 생각하면서 기회가 있으면 언제든 떠나고 싶다는 이야기를 종종 듣게 된다. 그 이유가 무엇일까? 그것은 서로에 대해 믿을 수 없다는 불신이 있으며 힘과 권력을 가지지 못하면 정당한 대우를 받을 수 없다는 것이다. 이런 곳에서 자녀가 살아간다는 것을 걱정하며 부모로서 유학이나 이민을 권장한다는 것이다.

그럼 "자녀가 살 수 있는 나라가 되기 위해 무엇을 하고 있나요?"라는 질문에 부모로서 자녀에게 정정당당한 사회를 알려주기보다 눈앞에 있는 공부를 해야 한다면서 좀 더 높은 자리에 올라가기 원한다고 하거나 모르겠다고 말한다. 정당한 사회를 꿈꾸면서도 정당함을 배우고 익히기보다 자신만의 경쟁력을 키우는 방법으로 공부를 강조하는 것이다. 그로 인해 자녀가 성장하면서 배워야 할 관계와 소통보다 친구를 뛰어넘어야 하는 경쟁을 먼저 배우게 되어 마음속에 공허함과 외로움이 가득한 삶을 살아가게 되고, 결국 정당하지 못한 방법을 통해서라도 좋은 성적을 받는 것이 최우선의 목표라 생각한다.

얼마 전 뉴스에서 한참 쟁점이 되었던 고등학교의 쌍둥이 자매의 경우가 그렇다. 아빠는 자녀가 좀 더 공부를 잘하게 하고 싶은 마음에 시험문제를 유출해 자매에게 알려주어 시험을 보게 했던 사건이다. 자녀가 잘되게 하고 싶은 마음을 가진 것은 부모로서 가지고 있는 당연한 마음일 수 있지만, 그 행동이 옳지 않아 사회적인 손가락질을 받게 되고 결국 가족 모두에게 유익이 아닌 해가 되는 결과가 나타났다.

우리는 이 사건을 보면서 많은 분노를 했다. 이렇게 분노한 우리는 자녀에게 어떤 모습으로 보여주고 있을까?

자녀가 살아가는 사회가 부정과 비리로 가득한 곳에서 살게 하고 싶지 않다고 말하면서도 정직함을 알려주지 않는다. 부모의 이중성은 결국 내 자녀가 살아갈 수 없는 나라를 만들고 있지 않은지 생각해보면 좋겠다.

부모로서 자녀가 살아가는 사회가 부정으로 가득한 곳이 되는 것을 원하는 부모는 아무도 없다. 서로가 믿을 수 있고, 신뢰할 수 있으며, 정직이 통하는 사회에서 정당한 대우를 받으며 살게 하고 싶은 것이 부모의 마음이기 때문이다. 자녀는 성장 과정에서 부모가 생각하는 것보다 더 많은 것을 배우고 익힌다.

자녀가 세 살 정도 되었을 때는 혹시 천재가 아닐까 하는 생각이 들 정도로 빨리 습득하고 다양한 것에 대한 호기심을 보인다. 또한, 자녀가 성장하면서 배운 것은 성인이 되어서도 잊어버리지 않을 만큼 기억 속에 오래 남아있게 된다. 그러므로 이렇게 배운 것이 살아가는 삶의 지표가 된다는 것을 생각할 때 무엇을 가르쳐주는지는 매우 중요하다.

 자녀가 배워가는 과정에서 습득력이 빠른 것을 볼 때면 부모로서 좀 더 많은 것을 알려주고 싶은 마음이 생기게 된다. 그로 인해 다양한 교육의 기회를 부여하는 과정에서 옆집 자녀들과 비교하게 된다. 그로 인해 내 아이의 잘하는 부분을 찾아보면 다행이지만, 불행히도 내 자녀가 늦어지는 것은 아닌지 하는 불안함에 교육에 대한 열의를 더 불태우게 되기도 한다.

 자녀는 자신이 무엇을 잘하는지 알기도 전에 부모의 다그침으로 예체능을 배우고, 국어와 외국어를 배운다. 어릴 때 무엇인가 배우면 더 빨리할 수 있지 않을까 하는 마음에 충분히 자신에 대해 인식하며 누려야 될 시기에 과도한 공부에 노출이 된 채 성장해 가는 것이다.

그럼 이런 행동이 자녀 양육에 도움이 되고 효과가 있을까?

고등학교에 다니던 M 학생은 전교에서 상위권을 다투는 학생이었다. 모든 공부에 탁월함을 나타내고 상위권을 놓친 적이 없었다. 주어진 일이 있으면 완벽하게 해냈고, 그로 인해 많은 사람에게 칭찬을 받기도 했다. 부모의 말에도 잘 순종하였고, 또래들과의 관계에서도 원활한 관계를 맺었던 학생이었다. 주변에서 볼 때 겉으로는 아무런 문제가 없을 뿐 아니라 오히려 장래의 촉망 받을 만한 학생이었다. 하지만 이 학생은 어느 순간부터 자신의 몸에 상처를 입히는 행동을 보이기 시작했고, 문제의 심각성을 인식한 부모의 권유로 상담을 하였다.

상담을 시작하면서 좀처럼 마음을 열지 않던 학생은 어느 날 이렇게 말했다.

"저는 공부하고 싶었던 적이 한 번도 없어요"
"제가 공부를 왜 하는지 모르겠어요"

학생의 이 말은 상담하는 나로서도 당혹스러운 말이었다. 학생은 이어서 말하기를 지금까지 공부한 것은 자신을 위한 것이 아니라 부모님이 원했기 때문이었으며 부모의 말을 들어야 한다고 생각했다는 것이다. 그렇게 공부를 할 때면 부모는 기뻐하는 모습을 보였다고 말했다. 결국, 지금까지 공부한 것은 자신을 위한 것이 아니라 오직 부모를 위한 것이라고 했다.

"공부를 잘하면 원하는 것을 이룰 수 있을지 알았어요"
"하지만 제게 남은 건 이제 아무것도 없어요"

학생은 공부하면서 정말 소중한 추억과 친구는 남기지 못한 아쉬움을 표현하면서 한없이 눈물을 흘렸다.

부모는 자녀가 공부를 잘하면 모든 것을 잘할 수 있다는 착각에 빠진다. 심지어 지금 생활하는 것조차 힘들어하는 자녀가 상담하면서 조금 좋아지는 것을 볼 때면 "이제 공부해도 되겠죠? 학원 다니라고 말해주세요"라고 말하는 부모도 있다.

지금 자녀에게 필요한 것이 정말 공부일까? 부모는 냉정하게도 "지금이 아니면 언제 공부할 거냐?"라며 공부를 해야 성공할 수 있기에 조금만 참으면 된다고 말한다. 하지만 자녀는 지금 공부하는 것 때문에 죽을 것 같다고 말한다.

실제로 수능을 보는 날이면 항상 끊이지 않는 뉴스가 있다. 어떤 학생이 수능 끝난 후 자살… 매년 반복되는 뉴스가 자신의 자녀가 아니라는 생각에 이런 뉴스의 소식을 안타까워하면서도 무심코 넘겨버리는 경우가 있다. 하지만 다음

뉴스에 다뤄질 사람이 다름 아닌 내 자녀가 될 수 있다는 것도 잊지 않았으면 좋겠다.

 자녀도 공부해야 한다는 것은 잘 알고 있다. 하지만 공부보다 더 중요한 무엇인가 찾기 원하고 있다. 그것은 다름 아닌 부모와의 좋은 관계를 유지하는 것이며, 친구들과의 추억과 다양한 경험을 통해 자신에 대한 긍정성을 찾아가는 것이 더 소중하다는 것을 배워가기 원한다. 자녀는 부모의 바람을 이루어주는 공부하는 기계가 아닌 가족의 일원이 되고, 사회에서 당당한 일원이 되는 것을 더 바란다.

 나름 성공했다고 말할 수 있는 사회의 리더들을 살펴보자. 그들이 자신의 노력으로 그 자리에 갔는지, 공부를 강요했던 부모로 인해 그 자리에 있게 된 것인지, 우연의 기회로 사회적 지위를 얻어 그 자리에 갔는지 알 수 없지만, 우리는 사회적 지위에 오른 사람들을 볼 때면 화나는 사건이 얼마나 많은지 알고 있을 것이다. 일명 가진 자들의 갑질로 인해 을이 될 수밖에 없는 사람들은 사회적 지위에 오른 사람들의 행동과 온갖 문제들로 인해 분노를 삭이기 어려운 부분을 보기 때문이다.

그 자리에 올랐다는 것은 분명 대단한 일이며 노력한 결과에 대해 인정할 수 있다. 노력의 결과로 얻은 것에 대해 사람들의 인정을 받아야 하고 노력한 것에 대한 보상을 받을 수도 있다. 하지만 그들의 현실은 사람들의 지지와 인정을 받지 못하고 오직 자신만 생각한 채 살아가는 것을 볼 때 안타까움을 느끼고 있는 것이 현실이다.

자녀의 성공을 막자고 하는 이야기는 아니다. 그들이 리더의 자리에 가면 안 된다고 말하는 것도 아니다. 내 자녀가 성장하고 좋은 자리에 가고 더 멋진 모습으로 성장을 기대하는 것은 당연하다. 하지만 리더의 자리에 갔을 때 좀 더 많은 사람에게 인정받고 칭찬받기 원하며 많은 사람에게 지지를 받는 사람이 되어 영향을 끼치는 자녀가 되길 바란다.

그러기 위해 자녀에게 필요한 것은 무엇일까? 부모의 말 잘 듣는 자녀도 필요하고, 공부를 잘하는 자녀도 필요하다. 하지만 그보다 중요한 것을 알려주고 가르쳐야 한다. 그것은 사람들과 어떻게 소통하고 어울릴 수 있는지? 자기 생각과 감정을 어떻게 잘 전달할 수 있는지? 사회라는 틀 안에서 우리는 어떻게 관계를 맺어가야 하는지? 다양한 문화 속에서 어떤 영향을 끼치고 살아가야 하는지? 가르쳐야 한다. 이것은 사회를 살아가는 데 있어 가장 기본이면서도 중요한 사회 규범이라 할 수 있다.

 우리나라의 역사를 통해 무의식적으로 좋아하지 않는 나라가 있다. 바로 일본이다. 가깝지만 여러 이유로 멀게만 느껴지는 나라이기도 하다. 그렇다 보니 축구를 하더라도 꼭 이겨야 하는 나라이며, 작은 것이라도 절대로 지면 안 된다고 생각하는 나라이기도 하다. 하지만 얼마 전 일본 여행을 하면서 새롭게 알게 되고 배운 것들이 있다. 짧은 차선도 신호등이 바뀌지 않으면 건너지 않는 모습, 지나가는 모든 길에서 쓰레기 하나 발견하지 못했던 것, 자신의 행동이 옆 사람에게 방해가 되지 않을까 싶어 조심하는 모습들 등은 일본에 대해 오해하고 있었던 나에게 충격으로 다가왔다.

 자녀에게 사회 규범을 알려줘야 하는 이유는 이런 것이 아닐까 싶다. 또래들과 좋은 관계를 유지하고, 타인의 삶에 대해 인정하고 존중할 수 있으며, 누가 보지 않더라도 질서를 지키는 모습이 있어야 하지 않을까?
 자녀가 멋진 모습으로 성장했을 때 많은 사람을 격려할 수 있고, 또한 지지를 받을 수 있는 사람이 되기 위해서는 공부보다 더 중요한 사회 규범을 익히고 배우는 것부터 시작이라 할 수 있을 것이다.

자녀가 지금 공부하지 않는다고 낙심하지 않아도 된다. 자녀가 올바른 사회적 규범을 배우며 정직과 질서를 지키고, 많은 것을 경험해 나갈 때 비로소 꿈이 생겨나고, 살아가는 목적이 생겨날 때 충분히 공부해야 할 목적이 생긴다. 부모가 볼 때 지금 다른 또래들보다 조금 부족하다고 느낄지 모르지만, 자녀가 더불어 가는 삶을 경험하면서, 규범과 질서를 배운 자녀는 사회에 좋은 영향을 끼치며, 멋진 리더로 성장할지 스스로 깨닫게 된다.

스스로 깨달은 자녀는 정직한 사회를 만드는 데 영향을 끼치며, 자신이 무엇을 위해 살아가야 하는지를 알게 된다. 부모에 의해 세워진 욕심은 자신의 것이 아니기에 흔들릴 수 있지만, 자신의 소신과 생각으로 세워진 마음은 앞으로 나가는데 흔들리지 않고 더 멋진 내일을 준비하는데 밑거름이 된다.

유머가 있는 아빠는 자녀의 삶에 여유를 가지게 한다

청소년기 자녀에게 "아빠하면 떠오르는 것이 있나요?"라고 질문하면 대체로 아빠에 대한 이미지에 대해 많이 떠오르지 않는다고 말한다. "아주 작은 것이라도 떠오르는 느낌이 있다면 무엇인가요?"라는 질문에 무뚝뚝하며 표현을 잘하지 않는다는 것이다. 아빠의 이런 모습은 가족에게만 그런 것이 아니라 자신에 대해서조차 잘 표현하지 않는다.

대체로 남자는 단순하다고 말하지만, 남자도 때로는 생각보다 복잡하고 많은 것을 표현하며 지내는 부분도 있다. 하지만 익숙하게 내재된 모습들은 잘 표현되지 않게 보이므로 남자를 단순하게 보이게 만들기도 한다. 단순화된 표현은 결국 아빠로서의 다양한 모습들이 있음에도 그렇지 않게 생각하게 된다.

전통적인 문화에서 남자는 성장 과정과 사회생활을 하면서 자신의 감정을 표현하면 안 된다고 배워왔고 주방을 들락거리면 안 된다고 하는 것이 일반적인 남자의 상징이라 생각했다. 또한, 아무리 배고프고 힘들어도 선비는 감정에 대한 것을 말하면 안 된다고 배웠다. 집 안의 일은 여자가 해야 하고 바깥일은 남자가 해야 한다는 등의 이야기들도 그리 오래되지 않은 이야기이다. 이런저런 전통방식은 남자는 마치 자신의 감정을 드러내거나 가볍게 말하는 것은 안된다는 규정을 만들었는지도 모르겠다.

그러나 지금은 어떨까? 주방과 거실이 따로 분리되지 않은 구조의 집에 살고 있으며, 남자가 해야 할 일과 여자가 해야 할 일을 더는 구분하지 않는다. 직업의 특성에 따라 남자와 여자를 구분하기도 하지만 그 벽 또한 많이 무너진 것도 사실이다.

감정을 표현할 때도 마찬가지다. 속마음을 비치지 않는 것이 아빠로서의 권위의 상징이라고 생각한다. 하지만 권위는 어깨에 힘을 주고 목에 힘을 준다고 해서 권위자로 인정받는 것이 아니다. 권위는 이런 모습에서 나오는 것이 아니라 때로는 친구 같지만, 어른다운 모습에서 드러날 수도 있고, 행동이 가벼운 듯하지만, 책임감이 있는 모습에서 드러날 수도 있고, 편안한 듯 말하지만, 그 말속에 상대의 마음을 이해하는 따뜻함에서도 권위는 드러날 수도 있다.

만약 아직도 아빠로서의 권위를 찾는 것이 감정을 표현하지 않거나 어깨에 힘을 주며 이야기하는 것으로 생각한다면 큰 오산이다. 자녀는 이런 어른을 가리켜 "꼰대"라는 말을 쓴다.

 자녀와의 관계에서도 무뚝뚝한 모습은 도움이 되지 않는다. 자녀는 아빠의 무뚝뚝함과 표현되지 않는 모습으로 인해 점점 거리감을 두거나 말하지 않으려 하면서 마음으로부터 멀어지려 모습을 보일 수 있다. 아빠와의 관계에서 좀처럼 표현되지 않는 마음을 알 수 없다고 느끼는 자녀는 "아빠는 나한테 관심이 없어"라고 생각하거나 "아빠는 내 마음을 알려고 하지 않아"라는 생각을 하기 때문이다.

마음속에 아무리 좋은 생각과 자녀를 위한 마음이 있다 할지라도 표현되지 않으면 그 마음을 알 수 없다. 자녀가 성장한 후에 "내가 너를 얼마나 아끼고 사랑했는지 알아?"라고 말해도 표현되지 않는 아빠의 마음을 알 수 없는 자녀는 이미 마음을 닫고 저 멀리 서서 아빠에 대해 무관심한 상태가 되어있을 수도 있다.

 어느 가정이나 자녀가 성장하는 과정에서 가족이나 다른 사람들과의 관계에서 원활한 모습으로 지내기 원하며, 마음의 여유를 가지고 많은 사람과 더불어 삶을 살아가기 원할 것이다.

이런 기대감을 가진 자녀로 성장하는 데 있어 중요한 키워드 중 하나는 유머이다. 유머는 특정한 직업을 가진 개그를 하는 사람처럼 유창하게 잘하거나. 자신의 끼를 펼치는 사람들의 전유물이 아니다. 유머를 표현한다는 것은 자신의 마음에 여유를 가지고 있을 때 표현될 수 있으며 이렇게 표현된 유머는 타인과의 관계에서도 편안함을 유지할 수 있는 능력이다. 이 능력은 부모가 가진 것을 타고 날 수도 있지만, 자녀와의 관계에서 긍정적 마음을 가지고 소통하는 것을 통해서도 충분히 만들어질 수 있다.

 앞으로의 시대는 로봇과 인공지능을 통해 사람이 하는 다양한 것들을 대신해 나가는 시대가 될 거라고 전문가들은 말한다. 이미 가정마다 인공지능 능력을 겸비한 스피커라든지 가전제품 등을 소유하고 있는 집들이 늘어나고 있으며, 이런 제품들은 삶을 살아가는데 편리함을 더해주고 있다. 이런 시대가 되면 이제는 단조로운 계산을 가진 사람을 필요로 하지 않을 수도 있다. 예전에는 공부를 잘하면 좋은 직장이 보장되던 시대가 있었다. 하지만 이제는 좋은 직장을 가는 데 있어서 이런 방식은 통하지 않을지도 모른다.

 지금도 몇몇 기업에서는 뛰어난 성적을 가졌거나 자격조건을 많이 쌓은 사람을 찾기보다 다양한 방식을 통해 채용하려는 모습을 보인다. 많은 채용방식 중

하나만 이야기하자면 불특정 다수의 사람을 그룹으로 묶어 놓고 하나의 과제를 준 뒤 문제를 해결해 나가는 과정을 모니터를 통해 살펴본다. 여기서 중요한 것은 문제를 해결하는 결과에 주목하는 것이 아니라 적절히 모임에 참여하는지? 자신의 주장과 이야기만 드러내고 있는지? 그룹 내에서 말을 하지 않는 사람과 말을 많이 하는 사람과의 관계에서 조율을 적절히 하는 사람은 누구인지 살펴보는 데 초점을 맞춘다.

그동안의 방식이라면 문제의 결과를 잘 유추해서 정답을 정확히 말하는 사람이 합격했을 것이다. 그것이 아니라면 상황을 이끌고 가면서 자기 생각을 잘 전달하는 사람을 뽑았을지도 모른다. 하지만 이 면접에서는 그동안 익숙하게 알고 있던 방식에서처럼 문제해결 능력이 뛰어난 사람이나 리더십이 있는 직원을 채용하지 않았다. 최종적으로 합격한 사람은 그룹에서 표현하지 않는 사람과 리더십을 가지고 표현하는 사람들 사이에서 적절히 서로의 의견을 표현할 수 있도록 조율한 사람이 합격했다고 한다.

사회는 점점 다양한 상황에서 대처할 수 있는 사람을 찾는다. 또한, 감정이 풍부하고, 상상력이 있으며, 자기 생각을 적절히 표현할 뿐 아니라 타인과의 관계에서 긍정적 관계를 이끌어 가는 사람을 찾는다.

그러므로 자녀가 미래의 직업을 가지고 변화되는 시기를 살아가는 데 있어서 중요한 것은 마음의 여유를 가지고 사람들과 소통할 수 있는 유머를 가지는 것이다.

사람들과 원활한 관계를 맺고 유머를 가진 사람이 되는 데 있어 중요한 요소 중 하나는 아빠와의 건강한 관계를 맺는 것으로 가능하다. 아빠와의 건강한 관계를 맺는 것은 아주 작은 실천으로도 가능하다.

하루에 15분이라도 자녀와 이야기를 나누자.
하루 중 짧은 시간이라도 자녀와 함께하는 시간을 가져야 한다. 자녀는 아빠와 함께하는 시간을 통해 안정감을 누리게 되고, 사회 속에서 당당함을 가질 수 있다. 적절히 소통이 이루어지는 아빠와 있다는 것으로도 자녀는 안정감을 누리게 되며, 편안함을 누린다.

자녀와 함께하면서 무엇을 해줘야 한다는 생각을 하기보다 그들이 무엇을 원하는지 들을 수 있는 여유를 가져야 한다. 자녀의 이야기를 듣기 위해 시간을 가진다면 자녀는 자신이 무엇이 필요하고, 무엇을 하기 원하는지 듣게 될 것이다. 자녀가 하는 사소할 말도 무시하지 말고 어떻게 함께할지 고민하는 것으로 자녀는 아빠가 자신의 편이며, 함께하고 있다는 생각을 하게 된다.

 어린 자녀는 가족 앞에 앉아서 쉴 틈 없이 자신의 이야기를 한다. 아주 작고 사소한 이야기가 많아 이런 말도 들어줘야 하나 망설여질 정도로 사소할 수 있지만, 자녀의 눈을 피하거나 다른 것을 하지 않고 충분히 이야기를 들어주며 호응하는 것이 필요하다. 자녀는 자신의 마음을 읽어주고 공감해주는 것을 볼 때 마음껏 자신의 이야기를 해도 된다고 생각한다. 자녀의 말을 충분히 들어주었다면 이야기를 마무리하면서 "너의 이야기를 들려줘서 고마워"라고 이야기하면 된다.

 자신의 마음을 알아줬다고 느끼는 것은 긴 시간이 아니라도 가능하다. 문제를 해결하거나 모범답안을 제시하지 않아도 아빠가 자신의 이야기를 들어주고 있다는 사실만으로도 자신의 편이라는 것을 믿게 된다. 마음을 알아준다고 느낄 때 어렵던 문제가 풀리는 것처럼 느껴지고, 답답했던 것들이 해결되는 놀라운 경험을 할 수 있다.

또한, 상대에 대한 긴장감이 풀리며 내 편이라는 인식을 하게 되어 무한한 신뢰가 쌓인다.

자녀와 함께하는 시간은 결코 많은 시간이 필요하지 않다. 자녀가 쉬지 않고 자신의 이야기를 하고 있다면 그 시간을 충분히 즐겨라. 자녀와의 대화 시간을 소홀히 한다면 더는 자신의 이야기하지 않을 수도 있다.

자녀의 얼굴을 보고 마음껏 웃어줘라.
웃음은 상대에게 호감을 주고 스스로에 대해 당당함을 주는 가장 쉽게 나를 표현하는 방식이다. 하지만 한국 사람들은 잘 웃지 않는다고 말한다. 마치 웃는 것은 자신을 가볍게 여기고 자신의 권위를 떨어뜨리는 것으로 생각하기 때문이다.

이런 모습은 다양한 관계에서도 나타나게 되는데 무의식중에 웃지 않는 모습은 화가 난 것처럼 보이거나 "나한테 가까이 오지마"라는 느낌으로 비치게 된다. 결국, 웃지 않는 모습은 자신도 모르는 사이에 가족과의 관계와 사회관계에서 거리감을 가져오게 한다.

웃음을 잃어버리면 마음의 여유를 잃어버린다. 또한, 삶의 여유도 잃어버린다. 그래서 늘 불평이 있는 것처럼 보이거나 짜증이 가득한 사람처럼 보일 수 있다.
웃음치료사들은 단순하게 웃거나 억지로 웃는 것만으로도 사람의 생체리듬이 바뀌고 건강해진다고 말한다. 주어진 상황과 상관없이 억지로 웃는 웃음이라도 그 웃음이 힘들고 어려운 상황을 벗어나게 하는 좋은 방법이라고 말한다. 웃음은 몸의 건강을 가져올 뿐 아니라 마음의 편안함도 가져온다.

 자신을 위해서 마음껏 웃어보자. 또한, 가족이 함께할 때도 마음껏 웃어보자. 웃음은 가족과의 관계를 원활하게 할 뿐 아니라 서로에게 좀 더 쉽게 다가갈 수 있게 해준다. 아빠의 웃음을 많이 보고 자란 자녀일수록 삶의 여유를 가지며 사람들과의 관계에서 긍정적인 사람으로 삶을 살아가게 만든다. 어렵고 힘든 일을 만날 때도 할 수 있다는 자신감을 가지게 한다.

 아빠의 유머는 사회를 보는 넓은 시야를 가지게 하며, 사람들과 낯선 관계와 사회에 대해 충분히 부딪히고 이겨나갈 수 있는 곳이라는 생각을 가지게 한다. 유머는 자신뿐 아니라 상대방의 마음을 편안하게 해주며 쉽게 다가오게 해주고 편안한 관계를 만들어주는 좋은 방법이다.
 자녀가 유머를 가진 사람이 되기 원한다면 가지고 있는 권위의식을 내려두고 좀 더 가벼운 농담과 편안함을 다가가는 노력을 해보자. 거리감을 가진 자녀가 조금씩 마음을 열고 다가오는 모습을 보게 될 것이다.

아빠의 응원 메시지는 천군만마를 얻은 것과 같다

칭찬의 효과에 대해서는 이미 누구나 알고 있으며 칭찬을 받을 때 행복지수가 올라간다는 것도 알고 있는 사실이다. 그런데도 우리의 일상 속 대화를 들어보면 칭찬보다는 비난의 말을 더 사용하고 있고, 격려보다는 무시의 말을 더 많이 사용한다.

사람들은 웃기는 개그 프로그램이나 예능 프로그램에서 적당히 누군가를 적당히 무시하거나 비난하는 듯한 말에서 더 많은 웃음을 보인다. 어떤 프로그램에서는 "나만 아니면 돼"라는 말을 하면서 마치 자신만 아니면 누구든 좋지 않은 일을 당해도 된다는 식의 말이 논란이 되기도 했지만, 우리 삶 속에서 이미 익숙하게 된 듯하여 안타까움을 느낄 때가 있다.

가족 내에서는 어떨까? 세상에서 이 사람과 살면 가장 행복할 수 있겠다고 생각해서 부부의 인연을 맺고 사는 부부 사이에도, 사랑의 결실로 누구보다 사랑스럽고 귀한 자녀 사이에서도 오가는 대화를 들어보면 비난과 무시, 잘못한 것에 대한 지적이 너무도 쉽게 나타난다. 이런 모습은 가족과의 사이를 멀어지게 한다.

 상담 중 가족 사이에서 오가는 이런 대화 패턴을 살펴보게 되면 자신도 모르게 사용하고 있었던 것을 알고는 놀라는 사람부터, 이미 알고 있지만 잘 고쳐지지 않는다고 말하는 사람들, 상대방의 행동과 생각을 지적하며 "저 사람이 그렇게 행동하니 어쩔 수 없잖아요."라며 자신의 잘못을 회피하기 위한 것 등 여러 모습으로 나타난다.

 가족 사이에서 일어나는 비난, 무시, 지적의 말들이 오갈 때 우리가 알아야 할 것이 있다. 이런 말들은 절대로 상대방의 행동을 변화시키지 못한다는 것이다. 오히려 상대와의 거리가 멀어지고 서로에 대한 상처의 깊이만 더할 뿐이다.

 비난과 무시의 말에 익숙한 자녀는 생활 속에서도 같은 모습을 보인다. 학생들을 대상으로 집단 프로그램을 진행할 때 서로에 대해 칭찬의 단어나 말을 사용하도록 할 때면 그런 말이 익숙하지 않아서 사용하지 못하겠다거나 오글거린다는 등의 표현을 하며 칭찬의 단어를 사용하지 못한다. 반대로 칭찬의 말을 듣고 있는 학생조차도 받아들이기 어렵다고 말한다.

비난과 무시의 말에 익숙해진 사람들은 서로에게 칭찬의 말을 전달하는 것은 물론, 자신에게조차 칭찬하지 못하는 일이 반복되어 나타난다.

 L 학생은 무기력감과 좌절감에 빠져 있었다. 학교생활은 물론 가정에서도 무기력한 모습을 보였다. 또래와의 관계나 가족과의 관계에서 무엇을 해야 할지 알지 못한다고 하였으며, 하루를 지내는 것은 마지못해서 지내는 것이라 말하였다. 상담을 진행하면서 가장 듣고 싶은 말이나 힘이 되는 말이 있는지 물었을 때 "저를 믿는다고 말하거나 칭찬의 말을 들으면 힘이 날 거 같아요."라고 했다. "혹시 스스로 칭찬했던 적은 있었니?"라는 질문에 한참을 망설이던 학생은 "아니요, 저 자신도 칭찬해본 적이 없어요."라고 말했다.

 칭찬을 들은 기억이 없는 사람은 타인에게 칭찬을 받고 싶다고 하면서도 칭찬을 들을 준비가 되어있지 않으며 자신에게도 칭찬하지 못하는 모습을 보인다.

 잠시 익숙해져 있는 가족에 대한 기억을 내려놓고 서로 간에 어떻게 대화하고 있는지 살펴보자. 혹시 서로 대화하는 목소리가 예전보다 커지지는 않았는가? 대화하려고 하면 상대와 이야기하는 것이 아니라 벽을 마주하고 있는 것 같은 느낌이 들 때가 있을 것이다.

대화의 목소리가 커졌다는 것은 상대와의 심리적인 거리가 그만큼 멀어졌다는 것을 의미한다. 사랑하는 사람들이 대화하는 것을 들어보면 그들은 최대한 나긋나긋한 목소리와 달콤한 말로 대화한다. 그들의 대화는 마치 꿀을 발라 놓은 듯 달콤하며, 이런 대화는 서로의 마음을 달콤하게 녹이며 신뢰감을 심어준다.

하지만 마음이 상하거나 얼굴을 보는 것만으로 기분이 나쁜 사람과의 대화는 어떤가? 그들은 작고 사소한 말이지만 오가는 대화 속에 가시가 박혀 있는 듯 날카로우며 목소리를 크게 하고 있다는 것을 발견하게 될 것이다. 이런 대화가 오가는 것은 위에서 말하였듯이 심리적 거리가 멀어졌기 때문이다. 사람과 사람 사이에 거리가 가까우면 큰 목소리를 낼 이유는 없다. 충분히 작은 말로도 서로의 대화를 들을 수 있기 때문이다. 하지만 거리가 멀다면 그만큼 상대에게 내 목소리를 전달하기 위해서 목소리가 커질 수밖에 없다. 분명 가족이나 사람들과의 관계에서 실제로는 가까운 거리에 있으면서도 큰 목소리를 내는 것은 마음의 거리가 그만큼 멀어졌다는 것을 의미하는 것이다.

대화할 때 벽을 보고 이야기하는 것 같은 느낌이 드는 것은 왜 그럴까? 심리적인 힘이 있는 사람은 상대의 공격적인 말투에 같이 공격적인 모습으로 반응할 수 있다. 하지만 상대보다 심리적인 힘이 약하거나 지위가 낮은 경우에는 상대와 부딪히는 방법보다는 대화를 차단하거나 피하는 방법을 선택하게 된다. 이때 힘이 있는 사람이 상대와의 대화에서 벽을 보고 이야기하는 것 같은 느낌을 받게 된다. 부부와의 대화나 자녀와 대화할 때를 살펴보면 쉽게 이해할 수 있다. 대화에서 상대의 말에 반응하지 않는다고 느끼는 것은 강한 상대와 부딪혀서 마음의 상처를 받고 다치는 것을 선택하기보다 대화를 피하는 방식을 선택함으로 조금 더 자신을 보호하려는 방법이다.

 만약 이런 대화의 패턴을 살피는 중 거리가 멀게 느껴지거나, 알게 되었다면 대화에서 문제가 생겼다는 것이고, 심리적인 거리감이 더 깊어지고 있다는 것을 의미한다. 이 상황을 지켜보면서 "시간이 지나면 괜찮아지겠지?"라고 생각하고 있다면 큰 오산이다. 이런 상황은 절대로 회복시키거나 변화시키는 것이 아니라 점점 거리감이 생기며 깊은 문제를 만들고 있을 뿐이다.

주말 부부로 지내는 가정에서 두 자녀를 양육하는 어머니는 자녀를 양육하는데 있어 어려움이 있음을 호소했다. 가끔 만나는 아빠와 좋은 추억도 만들기 위해 가족과 함께하는 특별한 여행을 준비했는데, 기대와는 달리 힘든 여행이 되었다고 말했다. 초등학교 4학년인 자녀는 아빠와 대화를 하는 중에 계속해서 빈정대는 말투를 보았고, 이런 상황을 이해하기 어려웠던 아빠는 자신을 무시하는 것 아니냐 하는 생각에 아들과 다툼이 되었다는 것이다. 아빠와 충분히 시간을 보내면서 좀 더 좋은 관계가 되길 바랐던 엄마는 부자간의 사이에서 눈치를 보며 다독이느라 바빴다고 하였으며 남편 역시 오랜만에 함께한 여행에서 즐거운 추억을 만들기보다 마음의 상처를 받았다고 하였다. 이 일로 인해 자녀는 아빠와는 다시는 여행을 가지 않겠다고 결심을 하였다고 말했다.

 이런 문제를 해결하기 위해서는 할 수 있는 것은 상대를 향한 비난과 무시의 말을 멈추고 칭찬과 격려를 하려는 노력이 필요하다. 평소 칭찬과 격려가 익숙하지 않았다면 칭찬을 말을 건네는 사람이든 받아들이는 사람이든 모두가 어색하고 어려울 수 있다. 칭찬의 말을 시도하는 사람은 익숙하지 않은 말과 어색한 마음 때문에 어려울 수 있고, 반대로 상대방은 칭찬의 말을 받아들일 준비되지 않은 채 듣는 말에 거부반응을 보일 수도 있다. 그런데도 서로를 응원하는 메시지를 멈추지 말아야 하는 이유는 칭찬은 시간이 지나면서 멀어진 관계를 조금씩 가까워지게 되는 방법이고, 가족 관계를 회복하는 방법이 되기 때문이다.

 그런 의미에서 자녀에게 전해지는 긍정적인 칭찬 메시지는 큰 의미가 있다. 아빠의 칭찬은 자녀의 자존감을 높여주게 되고 멀어진 관계를 회복시켜주는 역할을 하기 때문이다. 자녀를 칭찬하는 것은 아빠의 권위를 떨어뜨리는 행위가 아니다. 오히려 아빠와의 관계를 회복시켜주며 사회를 경험하는 자녀에게 당당함을 만들어주는 방법이다.

자녀가 어리다면 아빠의 응원 메시지는 더 강력하고 빠르게 적용된다. 반대로 칭찬의 언어가 익숙하지 않은 자녀가 성숙할수록 그 힘은 약하게 전달되거나 부딪히는 듯한 반응을 경험할 수도 있다.

자녀가 성장하면서 아빠의 응원 메시지를 듣는 것은 매우 중요하다. 엄마의 응원 메시지와는 달리 아빠의 응원은 자녀에게 강한 자존감을 만들어주며 어렵고 힘든 일을 만났을 때도 주저함 없이 위기 상황을 잘 극복할 수 있다고 스스로에 대해 믿음을 가지게 된다.

자녀에게 응원 메시지를 보낼 때 주의해야 할 것이 있다. 예전의 어른들은 자기 생각을 잘 표현하지 않고 어른들이 시키는 것을 잘 따라 하는 것을 보고 "착하다"라고 말하는 것으로 칭찬의 메시지를 보냈다. 반대로 자기 생각을 드러내는 행동을 볼 때는 버릇없는 행동이라거나 말대꾸한다면서 바람직하지 않은 것으로 생각을 했다. 이런 교육을 받고 자란 부모는 자신도 모르는 사이 자녀에게 "착하다" 라는 말로 칭찬을 한다. 하지만 자녀에게 칭찬을 통한 응원 메시지를 보낼 때는 명확해야 하며, 행동한 결과에 대해 칭찬하는 것이 중요하다.

칭찬은 이렇게 하자.

착하다는 말보다는 행동한 것에 대해 칭찬하자. 부모의 말을 잘 듣는 것도 필요하지만 "착하다" 라는 칭찬은 적절치 않다. 예를 들어 자녀에게 청소를 부탁했다고 생각해보자. "오늘 학교 갔다 와서 정리 좀 해줬으면 좋겠네!" 라는 말을 전달했을 때 자녀가 집에 와서 정리를 깨끗하게 했다면 "착하네"라는 말보다 "네가 아빠 말을 듣고 정리를 깨끗하게 해주니까 기분이 좋네!"라는 말로 표현을 하거나 "아빠 말을 들어줘서 고마워" 등의 칭찬을 하는 것이 적절하다. 이 표현 방법은 자녀 스스로 행동에 대해 생각하고 자신이 해야 할 것들을 생각하는 데 도움이 된다.

평소 자녀가 마음을 표현하지 않는 마음을 보고 착하다고 말하기보다 자녀의 생각을 적절히 표현하고 이야기하는 것을 볼 때 "네 마음을 이렇게 표현해주니 너의 마음을 알 수 있어서 좋다" 라고 말하며 자녀가 자신의 마음을 표현한 것에 대해 칭찬하는 것도 좋은 방법이다. 이 응원 메시지는 자신의 마음을 표현하고 상대의 마음을 이해하는 데 도움이 되며 사람들과 좋은 관계를 만들어 가는 데 도움이 되는 방법이다.

 부모를 도와주고 가족과 함께하는 것을 행동을 보일 때 "이렇게 함께해주고 도와주니 고마워"라는 말로 칭찬해주자. 이 칭찬은 부모와의 관계를 좁히는 데 도움이 되며 가족과 함께 협력하는 것을 통해 자녀가 가족과의 관계에서 소속감을 느끼게 되고 자신을 도와주는 든든한 지원군이 있다는 안정감을 누리게 되는 데 도움이 되는 방법이다.

 자녀에게 응원 메시지를 보낼 때는 순간의 시기를 놓치지 말아야 한다. 자녀와의 관계에서 전달해야 할 메시지는 생각보다 순식간에 지나간다. 그러므로 자녀의 행동과 상황을 잘 살펴야 한다. 아빠가 자녀의 행동을 세밀하게 살피기는 생각보다 어려울 수 있다. 그럴 때 아내의 도움을 받는 것도 좋은 방법이다. 만약 응원해야 할 때를 놓쳤다면 시간이 지난 뒤라도 "그때는 아빠가 놓치고 이야기 못 해서 미안해…. 그때 그 행동은 정말 멋진 행동이었어"라며 칭찬하는 것으로도 도움이 된다.

자녀는 아빠의 칭찬을 통해 자신에 대한 신뢰감을 가지고 가치가 있는 존재로 여기게 된다. 지금 자녀에게 보내는 응원 메시지가 익숙하지 않거나 어색하다고 해서 멈추지 말고 마음속에 있는 말을 꺼내서 표현해보자.

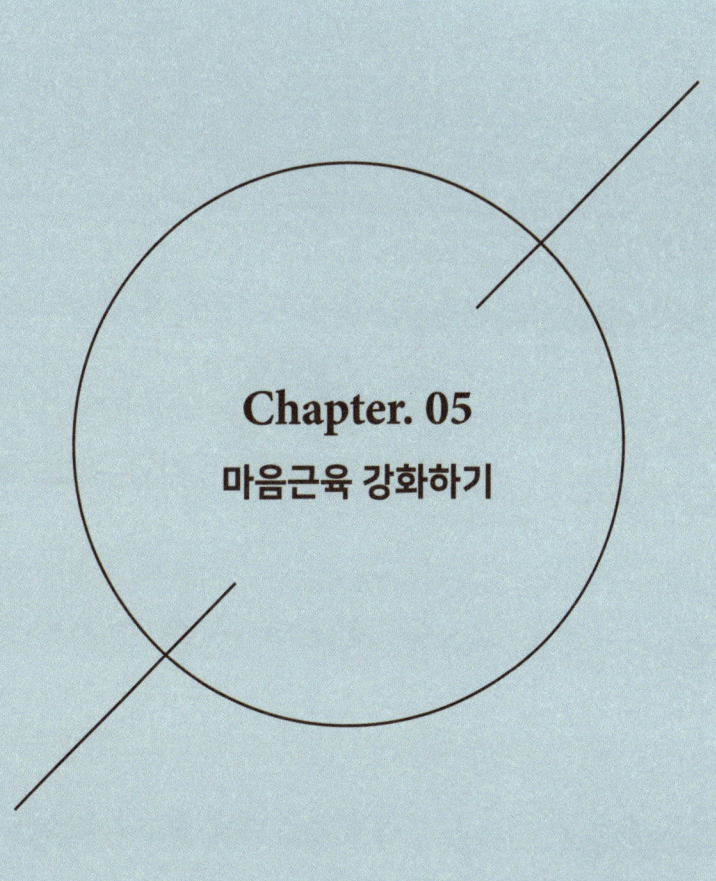

Chapter. 05
마음근육 강화하기

아침에 행복함으로 시작하고
저녁에 감사함으로 마무리하라

어제와 다른 오늘을 시작한다는 것은 설렘과 즐거움으로 가득 채울 수 있는 기대감이 생겨날 수 있다. 하지만 모든 사람이 설렘과 즐거움이 가득한 날을 시작하는 것은 아니다. 지난날 잠을 잘 때만 해도 "내일은 좋은 일이 있겠지?"라고 기대하거나 "다음에는 더 좋은 일이 일어날 거야"라며 생각하면서도 현실에서 만나는 다양한 상황들로 설렘과 즐거움으로 시작하는 사람은 많지 않은 것이 현실이다.

 오늘을 시작할 때 각자의 상황과 환경이 다를 수 있다. 하지만 새롭게 시작하는 오늘을 보내면서 행복한 일이 일어나기 바라는 마음은 같을 것이다. 비록 어제가 어렵고 힘든 일이 있었다 하더라도 오늘을 기대하는 것은 더 나은 것들에 대한 기대감이 있기 때문이다. 새로운 오늘을 산다는 것은 아무도 살아보지 못한 날을 살아가는 것이고, 세상이 생겨난 이후로 처음 있는 날을 살아가고 있다. 이렇게 새로움이 가득한 오늘을 어떻게 살아갈지는 각자의 선택이겠지만 이왕이면 행복한 시작을 하는 것이 좋지 않을까?

우리는 내일에 대한 기대와 희망을 품고 살아간다. 그렇기에 오늘이 힘들고 어려워도 살아갈 희망을 품게 되고 내일에 대한 희망이 있기에 힘든 날을 견디며 살아갈 수 있다.

성인은 다양한 경험들이 축적되어 자신에게 주어진 환경에 적응하며 스스로 문제를 해결할 수 있는 다양한 방법과 힘이 자녀보다 훨씬 많이 있다. 하지만 자녀는 자신의 정체성과 능력을 알지 못하고, 다양한 상황들에 대한 경험이 적기에 부모의 영향력은 절대적이다. 부모는 자녀에게 불행한 미래를 만들어주거나 삶이 희망적이지 않다는 것을 알려주고 싶은 사람은 없다. 비록 부모의 삶이 어렵고 힘들다 할지라도 자녀가 살아가는 삶에는 좀 더 행복하게 지내기 원하기 때문이다.

자녀에게 좋은 오늘을 허락하고 싶다면 어떻게 해야 할까?
먼저 각자의 가정을 살펴보자. 아침에 자녀가 일어날 때 처음에는 좋은 말로 깨우기 시작하지만 아무리 깨워도 일어나지 않는 것을 볼 때 "학교에 늦지는 않을까?" 하는 다급함에 점점 목소리가 높아지기도 한다. 등교 시간이 다 되어가는데도 일어나지 않는 자녀에게 "지난밤에 일찍 자라고 했는데 안 자고 버티더니 결국 일어나지 않는다"라고 지난밤의 잘못된 행동을 지적하기도 한다.

지난날 자녀의 행동에 대한 잘못이 있다 하더라도 잠이 덜 깬 상태에서 듣는 부모의 다급함과 짜증 섞인 말은 자녀가 하루를 시작하면서 오늘이 행복하고 즐거운 날이라는 것을 느끼고 생각하기도 전에 짜증과 불평으로 하루를 시작하게 된다. 물론 부모로서 충분히 반박할 수도 있다. "나갈 시간은 다 되어가고 나도 출근을 해야 하는데 어떻게 여유롭게 깨울 수 있나요?" 부모의 상황에서 생각해보면 바쁜 아침을 준비하는 것만으로도 벅찬 상황에서 자녀와 함께 여유를 부릴 틈이 없다는 것도 이해가 된다. 하지만 자녀 관점에서 쫓기듯 일어나는 상황과 부모의 다급함으로 짜증 섞인 목소리는 자녀의 행동을 변화시키지 못할 뿐 아니라 부모의 그런 모습을 통해 익숙한 듯 점점 적응해 가게 한다.

 기분 좋지 않게 하루를 시작한 자녀는 밥을 먹지 않겠다고 으름장을 놓거나 온갖 인상을 써가면서 짜증을 낸다. 이런 모습을 본 부모 역시 자녀에게 좋은 말이 오가지 않을 뿐 아니라 결국 부모의 마음도 좋지 않은 감정을 가지고 아침을 시작하는 계기가 된다.

 반복되는 아침의 싸움을 멈추고 부모와 자녀 모두에게 좋은 하루를 시작하려면 어떻게 해야 할까? 아침을 시작하면서 조금만 여유를 가지면 서로에게 충분히 좋은 아침을 시작할 수 있다. 평소보다 조금만 여유를 가지고 아침을 시작하면 조급함은 사라지고 한결 마음의 여유를 가지게 된다. 마음의 여유가 생기면 자녀를 깨울 때도 조급하지 않게 된다.

 조금 여유롭게 시작한 아침은 좋은 말로 시작할 수 있는 마음을 가지게 한다. 여유 있게 아침을 시작하기 원한다면 자녀에게 다가가 표현할 수 있는 가장 좋은 말로 시작하는 것이 좋다.

"오늘도 행복한 날이지 오늘도 우리 행복하게 보내자"
"오늘 새로운 하루가 시작했네. 우리 오늘도 힘차게 보내자"

 행복한 말로 시작했다면 자녀에게 다가가 적절한 스킨십을 하는 것도 좋다. 아빠의 나긋한 목소리와 스킨십은 자녀에게 힘과 용기를 실어준다. 하루의 시작을 아빠와 함께 시작하는 것은 자녀에게 편안함도 제공한다. 자녀가 일어나기 전 자녀의 머리를 쓰다듬어 주고, 볼에 키스를 해주는 것으로도 충분히 좋은 아침을 시작할 수 있다.

 자녀가 어렸을 때부터 스킨십과 긍정적 말이 익숙해져 있다면 청소년기 자녀에게도 충분히 반복해서 사용할 수 있는 좋은 방법이다. 하지만 자녀와의 이런 관계가 잘되지 않았다고 한다면 조금 거리감을 두고 행복한 말을 건네는 방법으로 메모를 전달하거나 무심코 던지는 말에도 긍정적 효과가 나타날 수 있다.

나는 자녀가 태어나면서 어떻게 하면 좀 더 좋은 아침을 선물할 수 있을지, 하루를 시작하면서 설렘과 즐거움에 대해 기대를 하면서 살 수 있을지 고민하였다. 설렘과 즐거움을 느끼고 하루를 시작하면 하루를 마무리하면서도 행복한 기억으로 잠들 수 있지 않을까? 생각했기 때문이다.

그렇게 해서 시작하게 된 것이 하루를 시작하면서 눈을 뜨기 전부터 가장 먼저 해야 할 말과 행동을 바꾸는 것이었다. 그래서 아침이면 자녀에게 먼저 다가가 행복한 말로 깨우기 시작하였다. "좋은 아침이지?" 라던지 "오늘도 즐거운 하루가 시작했네!"라는 말을 던짐으로 자녀가 하루를 시작하도록 했다.

또 다른 하나는 가벼운 스킨십으로 아침을 시작하도록 하면 좋겠다는 생각을 했다. 아침이면 일어나기 힘든데다 바쁘게 준비해야 하는 시간이 설렘과 즐거움을 느끼기보다 분주함과 짜증으로 하루를 시작하는 것이 안타까웠기 때문이다. 그래서 자녀와 함께하는 아침을 좀 더 좋은 아침을 만들어주기 위해 안아주기, 장난치기 등의 노력도 하였다.

좋은 말과 행복한 말로 하루를 시작한 자녀는 자신에게 주어진 하루를 헛되게 보내지 않는다. 지금 당장 계획을 세우지 못하고 무엇을 할지 모른다고 할지라도 자녀는 오늘에 대해 기대를 하게 되고 오늘이 있다는 것에 대해 행복함을 느끼게 된다. 또한, 자신에게 행복한 하루를 시작할 수 있게 해준 부모가 있음에 감사한 마음을 가지게 된다.

하루의 마무리는 어떻게 하면 좋을까?
하루의 시작만큼 중요한 것은 하루를 마무리하는 것이다. 바쁜 하루를 보내면서 자녀가 성장하는 만큼 가족들이 함께하는 시간이 부족하다. 가족들이 함께 모였다 할지라도 각자의 시간을 보내느라 대화가 사라지고, 함께 있는 것조차 어색함을 느낄 때가 많다.

퇴근 후나 휴일이면 아빠는 자신에게 주어진 일을 하거나 TV를 보면서 시간을 보내고, 자녀는 스마트폰과 컴퓨터를 하면서 시간을 보내다가 서로 언제 잠이 들었는지도 모른 채 각자의 방에서 잠을 청하면서 하루를 마무리한다. 가족이지만 오늘 하루 어떻게 지냈는지 각자의 삶에 전혀 관심이 없는 듯 무심한 모습을 보이면서 가족 관계에서 마음의 벽을 쌓게 된다.

어느덧 어색해진 관계는 서로 간에 오가는 대화뿐 아니라 마음의 거리를 넓히게 되고 이름만 가족일 뿐 서로의 삶에 대해 무관심함이 오히려 더 익숙한 삶인 것처럼 살아가게 만든다.

나는 자녀가 하루를 마무리하는 저녁이 될 때 종일 있었던 기억 중에 좋지 않은 것들은 버려두고 좋은 기억이 남기 바라는 마음으로 "오늘 하루 지나면서 좋았거나 기억하고 싶은 것이 있었어?"라며 물어보기로 했다. 단순히 기억하고 잊는 것의 문제를 넘어 좋지 않은 기억조차 삶을 살아가는 지혜가 되길 바랐던 마음이 더 컸다.

이렇게 시작된 말과 행동은 자녀에게 영향을 끼치기 시작했고, 하루를 마무리하는 저녁이 되면 속상하거나 힘든 것에 대해 마음을 읽어주고 난 뒤 즐겁고 감사한 것이 무엇인지에 대한 이야기도 나누는 시간을 가졌다. "아빠는 항상 네 편이야"라는 생각을 심어주기 위해 "사랑하는 OO야 오늘 저녁도 아빠와 함께 있어 줘서 고마워"라는 말을 전달하면서 하루를 마무리하게 했다.

처음에는 좀 더 행복한 하루를 선물하면 좋겠다고 생각하며 시작한 것이 큰 효과를 나타내기 시작했다. 어쩌면 여느 사춘기 학생들처럼 무뚝뚝하거나 자신의 표현을 잘하지 않을 수도 있겠지만 아빠인 나에게 자신의 고민을 털어놓기 시작했고, 마음속의 이야기를 숨김없이 이야기하기 시작했다. 그뿐만 아니라 또래들과도 좋은 관계를 유지하고 있으며, 학원에 다니라 말하지 않고, 공부하라는 말을 하지 않았음에도 자신의 목표를 정하고 공부하기 시작했다. 그로 인해 자신의 진로를 생각하고 있고 아직은 서툴지만 한 걸음씩 자신의 길을 가는 모습을 보이고 있다.

아빠로서 여전히 서툰 부분이 있지만 그런 아빠와 함께하는 놀이와 시간을 좋아한다. 아빠와 함께하는 시간이 즐거운 자녀는 하루를 시작하거나 마무리할 때 아빠와 함께하기 원하고 기다리는 모습을 보인다.

한 영화에서 아빠가 어린 딸의 영상을 보면서 재롱과 애교를 보면서 좋았던 것들을 회상하는 장면이 나오면서 영화가 시작된다. 이내 어느덧 성장한 딸은 자신을 알아주지 않는 아빠의 모습과 아무리 이해하려고 해도 이해되지 않는 딸의 모습을 보면서 좀처럼 거리를 좁히지 못하는 상황이 연출이 된다. 그리고 어떤 상황을 통해 아빠와 딸이 서로 바뀌는 상황이 생기면서 겪는 상황들을 코믹으로 풀어내었다.

영화처럼 서로의 삶을 이해하고 거리를 좁힐 수 있는 특별한 상황이 생긴다면 좋겠지만 현실에서는 이런 상황은 존재하지 않는다. 하지만 서로의 관계를 좁힐 방법이 전혀 없는 것은 아니다. 먼저 잠들기 전 10분이라도 각자의 시간을 내려놓고 마주 앉아보는 것으로 시작할 수 있다.

 처음에 가족과 함께하는 자리는 어색할 수 있다. 아무런 대화의 주제를 찾지 못한 채 1분도 지나지 않아 그 자리가 불편하게 느껴질 수도 있다. 가족과 함께하는 자리에서 대화의 주제가 없다 해도 어색함을 줄일 수 있는 방법 중 하나는 보드게임이다. 가족이 함께할 수 있는 게임을 통해 마음의 거리를 좁히고 대화의 주제도 만들 수 있다. 하지만 주의해야 할 것은 경쟁이 아닌 함께 마음을 나누는 시간으로 활용해야 한다.

 또 하나의 방법은 오늘 하루 자녀에게 있었던 일이나 부모에게 있었던 일 중에서 좋았던 것들을 나누는 것이다. 많은 대화를 하거나 이야기에 해답을 주는 것이 아니라 "오늘 이런 일이 있었는데 기분이 좋았다" 는 이야기를 꺼내는 것이다. 상대의 피드백을 기다리지 않아도 된다. 무심한 듯 던진 말이라도 가족 관계에서 좋았던 이야기를 나누는 것만으로도 서로에게 관심을 가지는 요소가 될 수 있다.

처음 자리에 앉는 것이 어색하다면 "아빠가 오늘 무엇 때문에 기분이 좋다"라고 무심한 듯 던지기 시작하는 것만으로도 마음의 거리를 좁힐 수 있는 좋은 방법이 될 수 있다.

자녀가 잠자리에 들 때가 되었다면 자녀가 있는 곳으로 들어가 감사한 말과 스킨십으로 마무리하게 해주는 것도 좋지만, 그럴 수 있는 상황이 아니라면 자녀와 가장 가깝게 있을 수 있는 공간부터 시작해도 좋다. 예를 들어 문을 열고 들어가는 것까지 허락이 된다면 그곳에서 가볍게 한 마디 던지는 것으로 시작해도 좋다. "OO아 오늘도 수고했어. 잘자"

이런 시간이 조금 더 익숙해졌다면 좀 더 적극적인 말을 건네도 좋다. "OO이가 오늘도 아빠와 함께해줘서 고마워 잘 자고 내일도 기쁜 마음으로 함께하자"라는 말을 조금씩 거리를 좁혀 가까이 가면서 이야기를 건네는 것도 좋다. 이런 말이 반복되면 처음에는 거부하던 자녀도 점점 마음의 거리를 좁히고 아빠가 다가오는 것을 어색해하지 않게 된다.

아빠의 달콤한 말은 자녀에게 힘과 위안을 주며 오늘을 살아갈 이유가 생기게 한다. 아빠와 함께 하루를 시작하고 마무리하는 것은 자녀에게 가장 행복한 오늘을 허락하는 것이다. 조금 서툴고 어색해도 괜찮다. 자녀는 아빠의 어색함을 보고 처음에는 이상하게 생각하는 것처럼 보일 수 있지만, 속마음은 변화된 아빠의 모습을 보면서 더 멋지게 생각하며 자녀도 변하려는 노력을 보일 것이다.

자녀에게 대답할 충분한 시간을 줘라

우리는 같은 시대와 시간을 살아간다. 시간은 누구에게나 공평하며 삶을 살아가는 모든 사람에게 있어 동일하게 주어진다. 시간만큼 공평하게 주어지는 것은 없지만 시간을 사용하는 사람에 따라 누군가에게 시간은 여유를 가지기도 하고, 누군가에게 시간은 바쁘게 돌아가기도 한다.

그래서인지 누구에게나 주어진 시간은 각기 다른 의미로 다가온다. 시간에 의미에 대해 다르게 생각하고 있는 만큼 관련된 속담이 많다. 그런데도 그 의미는 비슷하게 전하고 있는데 "시간을 아끼라"라는 것이다. 지나간 시간은 다시 돌이킬 수도 없고 주워 담을 수도 없기 때문일 것이다.

시간에 관해 이야기하는 것은 사회생활 속에서만 강조되는 것은 아니다. 시간의 중요성에 관해서는 때와 장소에 의해 구분되거나 나이에 따라 구분되지 않는다. 그래서인지 우리도 익숙한 듯 시간의 의미를 강조하며 지낸다. 하지만 사실 모든 사람이 느끼는 시간의 의미가 다르다는 것을 잊어버리고 지내는 경우가 많다.

우리가 보고 있는 시간은 정확한 규칙에 따라 초와 분, 시간순으로 흘러가지만, 그 시간을 느끼고 경험하고 살아가는 사람은 저마다 다른 의미와 시간을 보내고 있다. 하지만 우리는 다른 사람의 시간과 의미에 대해 생각하기보다 내 시간에 맞춰 상대방도 행동하고 표현하고, 나타내기 원할 때가 많다. 그래서 자녀나 배우자의 행동과 삶을 볼 때 내 시간과 달리 행동하거나 표현할 때 "왜 이렇게 제대로 하는 게 없어?"라며 비난과 핀잔을 주기도 한다.

상대를 향해 시간을 의미 있게 쓰지 못한다고 말하는 것을 잠시 멈추고 나를 한번 바라보자. 시간을 의미 있게 보낸다는 것은 무엇일까? 또한, 나는 시간을 효율적으로 보내고 있을까? 이 질문에 누구도 정확한 답을 하지 못할 것이다. 시간을 의미 있게 보낸다는 것은 추상적인 질문으로 "의미"라는 말 자체가 어떻게 생각하느냐에 따라 달라지기 때문이다. 또한, 효율적으로 시간을 보낸다고 말하지만, 다시 한번 생각해보면 시간의 소중함을 알고 있음에도 때로는 시간을 허비하거나 의미 없게 보낼 때도 있다.

자녀는 어떨까? 아침에 일어날 때부터 저녁에 잠들 때까지 자녀의 생활을 보고 있으면 도대체 무슨 생각을 하고 살아가는지 이해가 되지 않을 때가 많이 있다. 밤에 일찍 자고 일어나서 스스로 준비해서 학교에 가면 좋겠는데 몇 번을 깨우고서야 겨우 눈을 뜨고는 밥도 먹지 않을 채 허겁지겁 학교에 가고, "학교에서는 공부하겠지?"라고 기대해보지만, 공부하지 않고 잠을 자고 있다는 이야기를 들을 때도 있고, 비싼 돈을 들여서 학원을 보내면서 열심히 공부하기 바라지만 학원을 빠지는가 하면 집에 도착해서는 게임에 빠져 있을 때도 있다. 이런 모습을 볼 때 답답한 마음이 치솟기도 한다.

 자녀의 이런 행동을 보면서 조금만 노력해주면 좋겠다는 의미로 잔소리를 하면서 자녀의 행동이 바뀌기 바라지만 이미 잔소리에 익숙해진 자녀는 그런 말이 들리지 않는 것처럼 덤덤한 모습을 보인다.

어떤 자녀는 말과 표현이 느려서, 어떤 자녀는 공부하지 않고 놀기만 하고 있어서, 어떤 자녀는 진로에 대해 고민한다고 하면서도 아무것도 하지 않는 것 같은 모습을 볼 때면 부모는 자녀의 소중한 시간이 허비되는 것은 아닌가? 하는 안타까움에 더 잔소리하게 된다.

 시간을 허비하는 자녀의 행동은 소중한 시간을 잃어가는 모습이 안타까움을 더해 부모의 스트레스 수치는 최고조를 달하게 되고 부모와 자녀 갈등은 더 깊은 수렁으로 빠져들게 된다. 자녀의 이런 행동을 잘 알지 못하는 아빠는 평소에 자녀와 대화를 잘하지 않거나 관심을 보이지 않다가 가끔 보이는 행동에 호통을 치거나, 자녀가 무기력해 보이는 모습을 다그치며 답답함을 호소하며 폭발하듯 화로 표현한다.

"넌 도대체 무슨 생각을 하는 거냐?"
"누굴 닮아서 저런 행동을 하는 거야?"
"네가 그렇게 해서 세상을 어떻게 살아가려고 그러냐?"

평소 자녀와의 대화나 관계가 없다가 이번 기회에 이야기해보겠다고 섣불리 자녀에게 다 가면 이내 자녀의 행동과 표현방식에 더 큰 분노가 끓어오르게 된다. 결국, 처음에 좋은 의도로 다가갔던 의미는 사라지고 더 큰 갈등과 관계의 늪만 깊어진다.

분명 자녀가 시간을 허비하는 것이 걱정스러운 마음으로 다가갔는데 무엇이 잘못된 것일까?

사춘기를 지나는 자녀는 생각보다 그들의 삶과 생각은 복잡하며 이해하기 어려운 부분이 많이 있다. (이런 사춘기 자녀에 대해서는 많은 부분에서 다양하게 말하고 있기에 여기서는 더 표현하지 않으려 한다) 많은 부모는 청소년기의 모습에 대해 머리로는 이미 알고 있다고 말한다. 하지만 마음으로 그들을 이해하고 받아들일 준비는 되어있지 않기에 그들의 복잡한 상황들 앞에서 계속된 갈등을 보이거나 내 자녀는 원래 그렇다고 말하며 단순하게 생각하려는 모습을 보이기도 한다.

 청소년기 자녀의 생각과 삶이 복잡한 만큼 그들의 현재와 미래도 복잡하다. 한 번도 겪어보지 못한 다양한 경험들과 호르몬의 변화는 자신이 누구인지조차 제대로 알지 못하고 있는 상황에서 미래에 대한 계획을 세워야 하고, 그동안 절대자라고 믿었던 부모의 단점들이 보이기 시작하면서 의지할 때가 사라진 자녀는 "내가 왜 태어났는지?", "왜 살아가야 하는지?"에 대해 많은 고민과 갈등을 하고있다.

 이런 자녀의 마음을 이해하지 못한 아빠는 가끔 자녀에게 다가와 하는 이야기는 "그래서 어떻게 할 건데?"라는 말로 답답한 마음을 표현한다. 아빠의 이 말을 들은 자녀는 무슨 말을 해야 할지? 어떻게 대응을 해야 할지 알지 못해 망설이거나 주저하는 모습을 보이게 되고, 이 일이 반복되면서 "나는 무능한 사람이야" 라는 생각을 하게 되면서, 뭘 할지 모르겠다는 말로 자신의 능력의 한계를 낮추려는 모습을 보이기도 한다.

결국, 자녀를 위해 시작된 말이 아빠에게는 답답함과 화를 키우는 사건이 되고 자녀에게는 아무런 대답도 하지 못해 무능한 자녀라는 생각이 깊어지면서 갈등의 구조를 더 깊게 만든다.

복잡하고 이해하기 어려운 자녀를 사춘기라는 이유로 그대로 두기에는 마음이 편치 않다. 그렇다고 대화가 어려운 상황을 그대로 두기도 견디기 힘든 것이 사실이다. 이런 자녀와의 대화를 이어가려면 어떻게 해야 할까?

첫째 질문을 했으면 대답을 기다려 줘야 한다.
이 부분은 자녀와의 대화를 이어나가는 데 있어서 중요한 부분이다. 아빠는 자녀의 대답을 들을 기회를 주기보다 본인이 듣고 싶은 이야기를 빨리 말해주기 바란다. 하지만 자녀는 아빠가 생각하는 것만큼 빠르게 대답하지도 못하고, 원하는 대답을 해주지 못한다.

만약 자녀에게 질문했다면 충분히 생각하고 질문에 대해 대답을 할 때까지 기다려 줘야 한다. 만약 질문에 대해 지금 대답을 하지 않거나 모르겠다고 한다면

"얼마나 시간을 주면 이야기해줄 수 있겠어?"라고 질문을 하거나 "언제까지 대답해줄 수 있을까?"라고 물어보는 것이 필요하다.

이렇게 질문을 했다고 자녀가 충분히 듣고 이해했다고 생각하지 말고 적절한 날을 봐서 다시 한번 질문하는 것도 필요하다. 아빠가 볼 때 자녀가 아무 생각을 하지 않았거나 여전히 모르겠다고 대답을 했다고 해서 "도대체 무슨 생각을 하고 사는 거냐?"라며 반박을 하지 말고 아주 작은 것이라도 생각하고 표현한 것에 대해 인정해주며, 다음에 이야기할 수 있는 여지를 남겨두는 것이 중요하다.

둘째 적절치 않은 대답을 들었다 할지라도 이야기해준 것에 대해 고맙다고 표현해라. 자녀는 부모의 기대하는 만큼 말하거나 표현하지 못한다. 또는 부모의 기대감과 전혀 다른 생각을 표현함으로 부모를 당황스럽게 할 수도 있다. 내가 원하는 대답이 아니거나 적절치 않은 대답이라고 해서 자녀의 생각을 구박하거나 "어떻게 그런 생각을 할 수 있어?"라고 말하면 안 된다. 자녀가 하는 말에 큰 의미를 두기보다 앞으로 성장해가는 과정에서 많은 생각을 하는 중에 하나라고 생각하고, 자녀의 생각을 존중하며 표현해준 것으로 고맙다고 말하는 것이 필요하다.

만약 자녀가 사소하고 쓸데없는 이야기라도 꺼내지 않는다면 가족과의 대화에서 얼마나 삭막하고 힘들지 생각해보자. 성인이 된 우리가 살아가면서도 때로는 사소하고 쓸데없는 이야기가 있기에 삶의 여유를 가질 수가 있듯이 자녀가 자신의 이야기를 꺼내고 표현할 수 있다는 것은 그만큼 아빠에게 다가갈 여지가 있고, 표현할 수 있는 마음의 여유가 있기 때문이라는 것을 기억했으면 좋겠다.

셋째 지금 표현이 서툴다고 구박하기보다 실수가 쌓여 성공의 밑거름이 됨을 알려줘라. 자녀의 표현방식이나 대화는 부모가 생각하는 만큼 성숙하지 못하고 자신에 대해 잘 표현하지 못한다. 그들의 표현이 서툰 것은 자신을 알아가는 것만큼 어려운 일이다. 표현이 서툴러 표현하지 않는다고 말하지 말고, 서툴지만 자신에 대해 표현할 기회를 만들어주는 것이 중요하다.

자녀의 감정표현이 서툴다고 원래 그렇다고 생각하기보다 좀 더 다양한 방식과 상황을 만들어 속마음을 표현하게 하는 것이 필요하다. 자신에 대해 적절한 방법으로 표현하는 것을 배워야 하는 것은 자신에 대한 표현 능력이 좋아지는 만큼 대인관계에서도 적절한 표현을 하면서 좋은 관계를 만들어 갈 수 있기 때문이다.

우리는 같은 시간을 살고 있지만 자녀와 부모가 생각하고 느끼는 시간에 대한 인식차는 다르다. 자녀가 적절히 표현하지 못하고, 자신의 이야기를 하지 않는다고 주저하거나 재촉하기보다 그들의 시간을 인정하고 기다려주는 것이 필요하다. 청소년기를 지났던 우리도 그 시기에 많은 방황을 하고 혼란을 겪었으며 연속된 실패가 쌓여 지금의 자리에 오게 되었다는 것을 잊지 않았으면 좋겠다.

자녀가 선택하고 결정할 수 있는 시간을 줘라

청소년기 자녀는 자신에 대해서 알아가는 시기를 보내면서 다양한 변화를 보인다. 그중에 가장 큰 변화는 자신의 삶에 대한 책임을 져야 한다는 것을 생각하고 자신의 미래에 대해 생각한다는 것이다. 그런데도 한 번도 경험해보지 못한 자신의 다양한 변화와 사회인으로서 자신을 만들어 가는 성장 과정을 준비하는 과정은 매우 어렵고 힘든 일이다.

 이때 아빠로서 자녀가 선택하고 살아가는 삶을 지켜보고 있으려면 걱정스러울 때가 많다. 자녀가 무엇인가 생각하고 알아서 하겠다고 말하지만, 전혀 행동의 변화나 노력은 보이지 않는 것처럼 느껴지고, 걱정하지 말라고 하지만 하는 일이 서툴고 부족한 부분들이 많이 보여서 걱정스러움이 느껴지는 것이 사실이기 때문이다.

왜 청소년기 자녀들은 불안한 모습을 보이는 것일까?
 위에서 말한 것처럼 청소년들은 자신의 몸과 마음의 변화만큼이나 성장 후 자신의 삶을 결정하고 살아가야 한다는 책임감과 부담감을 가지고 있다. 하지만 경험해보지 못한 것에 대한 두려움도 가지고 있고, 막상 무엇을 해야 한다는 것은 알겠는데 사회적 경험에 대한 정보가 없으므로 무엇을 해야 할지 알지 못해 생각과는 달리 부자연스럽거나 실수하는 모습을 보일 때 아빠의 눈에는 잘하지 못하는 것으로 보일 수 있다.

다른 요인으로는 부모의 말을 듣고 따라야 한다는 것은 알고 있지만 어렸을 때 보였던 믿음직한 아빠의 모습보다 약한 부분이 보이기 시작하면서 아빠와의 관계에서 어디까지 믿고 따라야 할지 고민스러움으로 나타나기도 한다. 이런 것들이 반복되면서 부모에 대한 신뢰감이 약화하는 것처럼 느껴질 수 있다. 이런 과정은 부모와의 관계에서는 신뢰가 무너지는 것처럼 느껴질 수도 있지만, 반면에 자녀가 스스로 해야 한다는 책임감과 함께 성장을 꿈꾸는 기회가 되기도 한다.

그렇다고 이런 모습이 자녀가 부모의 말을 무시해도 된다고 생각하거나 이유 없이 부모와의 신뢰감을 잃어버리려는 것은 아니다. 자녀는 짧지만, 자신의 삶을 살아오면서 가족 관계에서의 경험을 기반으로 아빠와의 관계를 돈독히 할지, 멀리해야 할지 결정한다.

어린 시절 아빠와의 좋은 관계를 많이 경험한 자녀는 청소년기를 지나면서도 아빠의 경험을 듣거나 이야기 나누는 것을 기대하지만, 좋은 관계를 경험하지 못한 자녀는 아빠와의 좋은 관계를 맺지 못한 것에 대해 실망감을 가지고 "이런 이야기를 하면 또 혼나겠지?"라는 생각에 아빠에게 다가가는 것을 주저하는 모습을 보이기도 한다.

 이것은 엄마와의 관계에서도 마찬가지다. 엄마와 함께 이야기를 나누면 좋겠다고 생각을 하지만 평소에 익혀왔던 익숙한 엄마의 모습이 떠오른다.
"또 공부하라고 하겠지?" 이런 관계를 기억하고 있는 자녀는 자신에 대해 생각하면서 "나는 공부를 못하니까 나중에 아무것도 할 수 없겠네" 하는 마음을 가지게 되면서 결국 자신은 아무것도 할 수 없다는 좌절감을 경험한다.

자녀는 누구보다 자신의 삶에 대해 많은 생각을 하고 있다. 자신이 실패자가 되지 않기 위해 노력해야 한다는 것도 알고 있다. 하지만 그동안 익숙해진 가족 관계에서 보이는 모습은 "도대체 뭘 하려고 저러는지 모르겠다."라는 생각이 들 수 있게 만든다. 자녀가 이런 행동을 보인다면 자녀를 탓하기 이전에 가족 관계에서 어떤 성장 과정을 지나왔는지 생각해보는 것이 중요하다.

 성장하면서 자녀가 마음속 이야기를 하지 않는 이유는 무엇일까?

첫째로 자녀의 성향을 먼저 탐색해봐야 한다.

사람은 태어나면서 다양한 성향을 가진다. 어떤 사람은 외향적인 성향을 지니고 태어나고, 어떤 사람은 내향적인 성향을 지니고 태어난다. 타고난 성향은 "난 이런 사람이야"라는 의미가 있다.

외향적인 성향은 크게 구분했을 때 사람과의 관계에서 친밀한 관계를 중요시 하는지? 일하면서 자신의 영향을 펼치기 좋아하는지에 따라 구분될 수 있고, 내향적인 성향은 돈독한 가족과 같은 관계에서의 관계를 중요시하는지? 자기 일을 연구하고 몰두하면서 영향을 나타내는지에 따라 구분된다.

성향은 자신이 가지고 있는 고유한 특성을 나타내는 것으로 "왜 그렇게 행동해"라는 말은 오히려 자녀의 본래 모습을 잃어버리게 되고 정체성을 찾지 못하는 결과를 가져오기도 한다. 그러므로 자녀가 말하지 않는 이유와 상황을 설명하기 전에 먼저 자녀가 가지고 있는 독특한 성향이 무엇인지 찾아보는 것부터 시작하는 것이 중요하다.

둘째로 성장 과정을 살펴봐야 한다.

자녀는 성장 과정을 지나면서 다양한 사람을 만나게 된다. 그중에서 가장 먼저 만나는 것이 양육자인 부모다. 세상에 태어나서 만난 부모와의 관계에서 성장하게 된다. 자녀는 성장 과정에서 많은 사람과 이야기 나누고 마음을 표현되는 것이 필요하지만 이런저런 이유로 자녀와 이야기를 나누거나 마음을 표현하는 방법을 경험하지 못했다면 자신에 대해 어떻게 표현하고 이야기해야 하는지 알지 못해서 자신의 마음을 표현하기 어려울 수 있다.

자녀가 어렸을 때는 끊임없이 자신의 이야기를 표현하고 전달하려고 한다. 무엇을 좋아하는지부터 아빠 엄마와 함께하는 소중한 시간을 놓치지 않기 위해 표현하며 노력한다. 좋아하는 놀이를 하자고 말하기도 하고, 아빠 엄마의 이야기를 들으며 함께하는 다양한 시간을 좋아하는 모습을 보여주기도 한다. 하지만 부모의 바쁜 일과 삶에 지친 모습이 자녀의 이런 수다에 지쳐 "인제 그만 떠들면 안 될까? "라고 말하거나 "아빠 지금 급하니까 나중에 이야기하자" 라고 말한다. 그렇게 시간이 지나면서 자녀와 이야기하기로 했던 것을 잊어버리고 그 일이 반복되면서 자녀가 "아빠는 나와 이야기 하는 것이 싫은가보다" 라고 생각하게 되어 결국 대화를 끊어버리는 결과를 가져오게 된다.

셋째로 행동에 대해 억압하지 않았나 생각해봐야 한다.
자녀는 어렸을 때부터 서툴지만 스스로 무엇인가 해보려는 모습을 보인다. 하지만 미숙한 모습에 잦은 실수를 하게 되고, 실패를 경험하기도 한다. 이런 자녀를 볼 때 "넌 왜 자꾸 그래" 라고 말하든지 "그만하라고 했잖아" 라며 다그치는 것은 자녀의 행동을 억압하는 부정적 효과를 가져오게 된다. 성인이 된 우리도 때로는 실수하고 잘못된 선택을 하고 있을 때가 있다. 그런데 아직 삶에 대해 익숙하지 않고 경험이 적은 자녀가 실수하는 것은 당연하다. 그런 자녀의 행동을 이해하지 않고 꾸지람으로 행동을 제약하는 것은 더 서툴거나 "난 할 수 없어"라는 위축감을 가져오게 한다. 그러므로 자녀의 행동 변화를 원한다면 꾸지람으로 행동을 위축시키는 것보다 자신에 대해 조금 더 생각할 수 있도록 긍정적 행동에 대해 알려주고 함께 해보는 것이 도움이 될 수 있다.

넷째로 청소년기의 대화를 이해해야 한다.
어렸을 때는 말도 잘하고 잘 지냈었는데, 사춘기가 되면서부터 이야기도 잘하지 않고, 혼자 있는 시간을 보내려고 할 때가 있다. 이런 경우 부모는 당황스럽고 갑자기 변화된 모습에 어떻게 대처해야 할지 모르겠다고 말한다. 이때 중요한 것은 자녀의 성장과 특성을 이해하는 것부터 시작하는 것이 중요하다.

자녀는 유아기와 아동기, 청소년의 과정을 지나면서 성장하게 된다. 자녀가 어렸을 때는 이야기를 잘했지만, 지금은 잘 하지 않는다면 자녀가 성장하면서 그들의 대화와 표현방식의 성장만큼 함께 성장하지 못했기 때문일 수 있다. 자녀는 성장하면서 대화와 표현방식 등 다양한 부분에서 성장하고 있다. 그런 자녀의 성장에 대해 인식하고 적절한 대화와 표현을 하는 것은 중요하다. 자녀가 성장했지만, 유아기 때의 대화와 표현방식으로 말하고 있다면 자녀는 유치하다고 생각하고 좀 더 수준에 맞는 대화와 표현을 하는 사람을 찾으려는 모습에서 대화가 차단된 것처럼 느껴질 수도 있다.

또 다른 부분에서는 부모를 생각하는 마음으로 부모의 마음을 아프게 하기 싫어서 자신의 힘들고 어려운 이야기를 하지 않을 수도 있다. 이런 방식이 대화를 차단하고, 생각을 표현하지 않을 수 있다. 자신의 고민을 혼자서 해결해야 한다고 생각하면서 "내가 이 얘기를 하면 부모님이 힘들어하실 거야" 라는 생각은 부모에게 표현하는 것을 제한되게 할 수 있다. 이런 경우에는 혼자 힘들어하고 어려움을 견디려고 하는 모습이 있을 수 있으니 주의 깊게 살펴보는 것이 필요하다.

자녀가 어렸을 때는 놀아주는 것으로 좋은 관계를 만들어 간다고 생각하지만, 청소년기가 되면서 자신의 감정을 읽어주는 것으로 좋은 관계를 만들어 가는 모습을 보인다. 어렸을 때는 부모의 어떤 말과 표현도 자연스럽게 받아들인다.

그러나 성장 과정을 지나면서 청소년기가 되면 말과 표현뿐 아니라 감정에서도 다양한 변화를 일으킨다. 이런 다양한 변화는 부모에게 더 다양한 방식으로 표현되고 자신의 다양한 표현에 대해 알아주기 바란다.

이 시기 자녀는 누군가 자신의 마음을 알아준다고 느낄 때 자신의 모든 것을 내어주면서 상대에 대해 신뢰하는 모습을 보인다. 그래서 자신의 마음을 가장 잘 알아준다고 생각하는 또래들과의 관계를 중요시한다. 그러므로 아빠로서 익숙한 표현적 대화에만 귀 기울이기보다 다양한 감정을 읽어주고 이해하려는 모습을 보이는 것이 필요하다.

자녀가 바라는 것은 문제에 대한 해결책이 아니다. 자녀가 바라는 것은 결국 "나를 알아줬으면 좋겠어" 라는 표현을 말하고 싶은 것이다. 마음을 읽어주는 것은 어렵지 않다 단지 익숙하지 않아 서툴게 느껴질 뿐이다.
예를 들어 "아빠 나 ~ 때문에 힘들어"라고 말했다면 해결책을 주려고 하기보다 "OO가 많이 힘들었구나! 아빠가 어떻게 하면 힘이 나게 할 수 있을까?"라고 대답하는 것만으로도 충분히 그들의 마음을 읽어줄 수 있다.

만약 자녀가 표현을 잘 하지 않거나 표현방식이 서툰 모습을 보인다면 급하게 생각해서 재촉할 필요는 없다. 자녀 스스로 충분히 자신의 시간을 보내면서 고민하게 하는 것이 중요하다. 이때 "아빠의 도움이 필요하면 언제든지 이야기해도 괜찮아" 라며 여지를 두는 것이 필요하다.

 자녀는 스스로 무엇인가 생각하고 결정하는 시간을 가지기 원하면서도 혼자서 찾아가기에는 어렵다는 것을 알고 있다. 이때 던져지는 "도움이 필요하면 언제든지 이야기해도 괜찮아"라는 말은 자녀에게 자신의 문제를 찾아가는데, 언제든지 도움을 줄 수 있는 사람이 있다는 것을 인식하게 되어 용기를 얻게 된다.

 청소년기 자녀는 자신이 감당해야 할 다양한 문제 앞에서 혼란을 느낀다. 그러므로 질문한 것에 대해 빠른 대답과 행동을 기대하기보다 스스로 고민하고 생각할 수 있는 충분한 시간을 만들어주는 것이 필요하다. 이 시기의 자녀는 서툴지만 스스로 결정하는 과정을 통해, 할 수 있다는 자신감을 가지게 되고 자신만의 삶을 방향을 찾아가는 방법을 알아가는 과정이 되기 때문이다.

 아빠의 시선으로 볼 때 자녀의 행동이 더딜 수 있다. 때로는 그들의 행동이 서툴거나 옳지 않은 방식으로 선택하는 것을 봐야 할 때도 있다. 이때 아빠는 그들의 행동에 대해 단속하고 규정을 정하기보다 서툰 행동에 대해서는 기다려주는 인내심을 가지는 것이 필요하며, 옳지 않은 행동에 대해서는 "이 방법보다는 이렇게 행동하는 것이 좋을 거 같은데"라고 조언해주는 것으로도 자녀가 자신의 삶을 선택하고 살아가는 데 있어 많은 도움이 된다.

Chapter. 06
마음근육 자신감있게 표현하기

몸의 근육만큼 중요한 마음 근육

상담하다 보면 많은 부모가 자녀를 어떻게 양육해야 하는지? 물어본다. 사실 자녀를 양육하면서 어떻게 해야 하는지 묻는 말은 누구에게나 난감하면서도 어려운 질문일 것이다. 자녀를 잘 양육한다는 기준을 정하기가 어렵기에 이런 질문은 나 역시 많은 고민을 하게 된다. 이내 질문에 대해 한참의 시간을 보내며 고민해보지만, 여전히 잘 양육해야 하는 정도의 기준을 말하는 것은 어렵다는 결론에 도달하게 된다.

자녀를 잘 양육하고 싶은 부모의 마음은 같지만 어떻게 성장하는 것이 잘되는 것인지에 대한 기준은 각기 다르다.

H 아빠가 자녀를 양육하면서 고민이 되었던 부분을 꺼내며 이렇게 물었던 적이 있다. "자녀를 올바로 교육하고 싶은데 훈계를 하자니 삐딱하게 나갈까 걱정이고 그대로 수용하고 인정하자니 버릇없는 아이가 되지 않을까 걱정입니다."

H 아빠의 말처럼 자녀를 양육하면서 훈계로만 되는 것도 아니고, 그렇다고 그대로 두고 보기에도 어렵다. 많은 전문가가 훈계와 기다림을 적절히 하라고 하는데, 적절하다는 기준을 정하기조차 어렵기에 "적절하다는 것이 어디까지를 말하는 거야?"라는 생각이 들어 그 정도를 가늠하기란 쉽지 않은 것이 사실이다. 사람마다 훈계와 수용을 받아들이는 기준과 범위가 다르므로, 가족의 규칙과 특성을 생각하며 어디까지 훈계하고 수용해야 할지를 정하는 것이 옳다.

올바른 훈계와 수용의 범위를 정하는 것은 어려울 수 있지만 건강한 가족 구성을 만드는 데 있어 반드시 갖춰야 할 것이 있다. 그것은 다름 아닌 몸과 마음을 건강하게 만드는 것이다.

각 가정은 저마다 다양한 특성과 규칙이 존재하고, 그 안에 있는 개인의 성향이 조화를 이루어 가족 구성원을 만든다. 자녀는 부모가 만들어 둔 울타리 안에서 성장하는 과정을 지나며 양육방식 따라 다양한 경험을 통해 자신의 정체성을 만들어 간다. 이런 과정을 지나면서 마음의 모양 또한 다양하게 만들어진다. 이렇게 형성된 마음은 긍정적으로 수용하고 받아들이기도 하고, 작은 것에도 상처를 받으며 아파하고 힘들어하는 사람도 있다. 저자는 이렇게 형성된 것을 마음의 근육이라 표현하고 싶다.

사람은 누구나 마음 근육을 가지고 있다. 운동을 통해 멋지게 단련된 근육이 있는 것처럼 마음 근육도 다양한 모습을 가지고 있다. 몸의 근육 발달을 위해 운동을 하면 근육이 점점 발달하면서 예전에 힘들었던 것들을 좀 더 쉽게 할 수 있는 힘이 생겨난다. 또한, 힘든 일을 하고 난 뒤에도 회복할 수 있는 능력이 예전보다 뛰어나게 된다. 이렇듯 몸의 건강을 위해 시작된 운동이지만 근육이 발달하면서 건강한 삶을 살게 되는 것처럼 마음 근육도 어떤 과정을 지나오는지에 따라 다양하게 발달하고 삶에서 많은 영향으로 나타나게 된다.

마음 근육 발달은 성장 과정에서 부모와의 관계를 통해 대부분 형성이 되는데 부모와의 긍정적 관계를 맺은 자녀일수록 마음 근육이 강화된다. 마음 근육이 발달하게 되면 성장 과정뿐 아니라 성인이 되고 난 후에도 스스로 할 수 있는 다양한 능력이 생겨난다. 특히 어려운 일을 만나거나 해결 방법을 찾기 어려울 때도 문제를 해결해 나가는 힘을 가지게 된다.

마음 근육은 대부분 유아기때 형성이 된다고 하지만, 아동기와 청년기를 지나는 과정에서도 형성이 된다. 마음 근육은 부모와의 관계로부터 처음 형성되지만, 자녀가 성장하는 과정에서 만나는 선생님과의 관계, 또래와의 관계, 무엇을 보고 경험하는지 등 다양한 부분에서 고루 형성된다.

마음 근육은 다양한 요소들에 의해서 발달하지만, 그중에서도 가장 크게 영향을 끼치는 것은 부모와의 긍정적인 관계이다. 그렇기에 부모와의 관계는 자녀의 마음 근육이 발달하는 데 있어 빼놓을 수 없을 만큼 큰 영향을 끼친다. 자녀는 부모외의 다양한 관계를 통해 영향을 받으며 성장한다. 또한, 부모의 영향과 자녀 개인의 성향 등이 다르므로 똑같은 상황에서 같은 양육방식을 가지고 훈계와 수용을 한다고 해도 자녀마다 받아들이는 정도가 달라 다양한 근육의 모양으로 발달한다.

예를 들어 세 명의 자녀가 있다고 생각해보자. 어느 날 모든 자녀가 잘못해서 부모에게 혼날 일이 생겼다. 부모는 자녀의 잘못을 훈계하기 위해 모든 자녀를 한 대씩 때렸다고 가정했을 때 어떤 자녀는 그날의 상황을 트라우마로 기억하며 부모에 대해 두려움을 가지는 자녀가 있을 수 있다. 또 어떤 자녀는 맞았던 기억은 있지만 큰 문제가 되지 않게 여기며 반성의 기회로 삼는 자녀가 있을 수도 있다. 또 어떤 자녀는 그날 맞았던 것은 물론이고 어떤 일이 있었는지조차 기억하지 못하는 자녀가 있을 수도 있다.

분명 같은 상황에서 같은 방식으로 훈계를 한 것이지만 받아들이는 자녀는 저마다 가지고 있는 마음 근육에서 차이를 보이기에 어떤 자녀는 긍정적 생각으로 나타나기도 하고, 어떤 자녀에게는 부정적인 방식으로 나타나기도 한다.

그렇기에 자녀를 양육하면서 어떻게 해야 좋을지 알기 위해서는 자녀의 마음의 근육을 점검하고 이해하는 것이 중요하다. 자녀의 마음 근육 상태를 알면 자녀에게 적절한 칭찬과 훈계를 할 수 있게 되어 긍정적인 방향으로 양육하는 데 도움이 된다. 하지만 자녀가 가지고 있는 마음의 근육 상태를 알지 못하고 무조건적인 칭찬이나 훈계는 오히려 역효과를 가져올 수도 있다.

마음 근육을 점검하는 방법은 다양한 방법으로 알 수 있는데, 개인이 가지고 있는 독특한 성향, 관심을 두고 있는 것, 삶에서 우선시하는 것, 부모의 양육 등 다양한 방식을 통해 확인할 수 있다. (앞부분에서 다양하게 정리했으니 참고 바람)

긍정적 표현은 자녀의 '마음 근육'을 발달시킨다.

앞에서도 이야기했듯이 우리는 익숙한 듯 상대를 비난하고 무시하려는 모습을 보일 때가 있다. 심지어 사랑한다고 말하는 자녀에 대해서도 무시하려는 모습을 보이기도 하는데 이런 모습은 자녀가 성장하는 데 있어 마음 근육을 건강하게 발달시키지 못한다.

누군가에게 비난을 받아본 적이 있을 것이다. 상대방이 의도적으로 말을 했든 그렇지 않든 중요하지 않다. 비난의 말을 들은 사람은 한결같이 말하기를 "내가 무시당하는 느낌이 들어 화가 났어요"라고 말하기 때문이다. 즉 비난의 말을 듣고 만족해하는 사람은 아무도 없다.

자녀의 마음 근육을 발달시켜 나가는 것도 마찬가지다. 자녀가 볼 수 있는 다양한 환경과 상황이 놓여있고, 무엇을 보고 선택하며 살아갈지는 사람마다 다를 수 있다. 하지만 부정적인 것을 보게 될 때 아빠는 긍정적인 시선으로 바꿔 줄 수 있어야 한다.

L 학생은 장래 희망이 마피아나 사채업자가 되는 것이라고 했다. 학생은 자신의 이야기를 하면서 그동안 자신을 힘들게 했던 사람들을 괴롭히거나 복수하기 위해서 이런 일을 해야 한다고 생각했다. 모두가 염려하고 걱정하는 상황이었지만 학생은 진지한 모습을 보였다. 하지만 학생의 이야기를 들으면서 알게 된 것은 더 놀라웠다. 단지 학교에서 또래 관계에서 어려움 때문이라 생각했던 것을 넘어 가족 관계에서조차 긍정적 지지와 격려해주는 사람이 없었다는 것이다. 자신이 생각하는 것들을 처음에는 가족에게 말하지 않았지만, 시간이 지나면서 문제를 인식했음에도 어린 자녀의 스쳐 지나가는 생각으로만 이해하고

있었기에 어떻게 생각하고 행동하는 것이 올바른지 제대로 알려주지 않았다고 말했다. 학생은 자신에게 옳은 것에 대해 말해주는 사람이 없었기에 자기 생각에 대해 나쁘다고 생각하지 않았다는 것이다.

L 학생과 상담을 하면서 생각을 정리해주고 긍정적인 시선으로 바꿔주기 시작하면서 조금씩 변화를 보였다. 단순히 마피아나 사채업자가 아니라 운동을 통해 자신을 지키고, 약한 사람에게 힘이 되는 사람이 되고 싶다고 말했다.

누구나 삶을 살아가면서 부정적인 생각과 만날 수 있다. 하지만 자신의 정체성에 대해 아직 인식하지 못하고 있는 자녀에게 아빠로서 긍정적인 생각을 하게 하는 것으로 마음 근육을 발달시켜 나가는 데 도움을 줄 수 있다.

사랑한다는 표현은 자녀 '마음 근육'을 단단하게 만든다.
"사랑한다는 말을 꼭 표현해야 하나요?"라며 반박할 수도 있겠지만 사랑은 표현해야 한다. 사랑한다는 말은 수시로 자주 사용할 때 그 효과는 배가 된다.

칭찬의 언어는 행동한 결과에 대해 명확하게 하는 것이 필요하지만 사랑의 표현은 될 수 있으면 자주 사용하는 것이 좋다. 사랑을 표현할 때도 놓치지 말아야 할 것이 있는데 그것은 말과 표정, 행동이 일치해야 한다.

말로는 "사랑해"라고 하면서 표정이나 행동은 사랑의 표현과 다를 때 받아들이는 입장에서 그것은 사랑의 표현이 아니라고 생각한다.

사람마다 사랑의 표현방식 또한 다르다. 물론 사랑한다는 말 속에 많은 것이 함축된 것은 사실이지만 사랑한다는 말을 상대에게 제대로 전달하기 위해서는 상대방의 사랑의 언어를 아는 것이 필요하다.

어떤 사람은 사랑을 표현할 때 많은 돈을 가져다주는 것이라거나 좋은 선물을 주는 것이 사랑의 표현이라고 말하기도 하지만 사랑의 표현은 결코 돈과 선물이 채워주지 못한다. 충분한 사랑의 표현은 진실한 마음을 담아 상대에게 필요한 선물을 할 때 그 표현이 극대화된다. 하지만 사랑의 표현이 충분히 되지 않는 상태에서 선물만 주어지는 것은 마음이 더 공허하게 되어 채워지지 않는 부족함을 느끼게 된다.

아빠들은 직장 생활과 사회적 관계로 인해 가족들과 함께하지 못함으로 가족과 자녀에게 미안한 마음을 가진다고 말할 때가 많다. 자주 놀아주지 못하고 함께하지 못하는 마음에 조금이나마 자녀의 마음을 달래주고 싶어 원하는 것을 해주려고 하거나, 좋은 선물을 주면서 아빠의 도리를 할 수 있다고 생각한다.

아빠의 선물 전략은 처음에는 좋은 아빠로 인식하게 할 수 있고, 좋은 관계를 만드는 것처럼 보일 수 있다. 아빠가 준 선물을 들고 밖으로 나가 친구들에게 "우리 아빠가 이런 것도 해줬다." 하면서 자랑을 할 수도 있다. 하지만 시간이 지나면서 자녀는 선물을 주는 아빠가 더는 반갑지 않다는 것을 알게 되고 자신과 함께하지 않고 마음을 알아주지 않는 아빠와 거리를 두는 모습을 보이거나 점점 많은 것을 요구하기도 한다.

사랑을 받아들이는 방법은 다양할 수 있지만, 자녀가 가장 원하는 사랑의 표현은 매우 단순하다. 그냥 아빠와 함께 있는 것이다. 서툴고 어색해도 자녀와 무엇을 해야 할지 알지 못한다 해도 그냥 함께 있는 것이 좋은 것이다. 함께 뛰어노는 시간이 좋은 것이고, 피부를 부딪치며 장난을 치는 것이 좋은 것이고, 단순한 놀이지만 함께 웃고 있는 시간이 좋은 것이다.

나는 자녀를 양육하면서 놓치지 않는 부분이 하나 있다. 그것은 될 수 있으면 반갑게 인사하고 스킨십을 하려고 애쓰려고 하는 것이다. 또한 "사랑하는 OO야 오늘도 함께해서 고마워"라는 말도 빼놓지 않으려고 애쓴다. 그러나 무엇보다 중요하게 생각하는 것은 자녀와 짧은 대화를 할 때도 눈을 마주치며 이야기한다. 자녀가 방과 후 과정으로 빵이나 맛있는 것을 만들어 올 때면 맛있게 먹고 맛있다는 칭찬 또한 잊지 않으려 애쓴다.

사랑표현을 자주 사용해야 하는 이유는 간단하다. 사랑의 표현을 많이 듣고 자란 자녀는 자신에 대해 긍정적 마음을 가지게 되고 자존감이 높아지며, 스스로 무엇인가 할 수 있다는 마음을 가짐으로 자신만의 삶을 스스로 설계해 나가는 힘을 가질 수 있다는 것을 알기 때문이다.

칭찬의 언어와 사랑의 언어는 자녀가 성장하는 과정에서 긍정의 근육을 가지게 만들고, 부모와의 좋은 관계의 근육을 만들고, 스스로 무엇인가 할 수 있다는 자신감의 근육을 만든다.

처음 운동을 시작할 때 어색하고 어렵다고 느끼기도 하고, 몸이 아픈 경험도 할 수 있다. 하지만 이내 익숙해지면 운동하는 것이 자연스러운 것처럼 마음 근육을 만들어 갈 때도 처음에 시작하는 말이 어색하고 어렵다고 느낄 수 있지만 조금씩 도전하고 노력한다면 이내 자연스러운 것이 되어 자녀의 건강한 마음근육을 발달시켜 나갈 것이다.

타인과 함께 협력할 수 있는 마음 근육을 강화시켜라

운동의 필요성은 몇 번을 강조해도 될 만큼 중요하다. 운동은 단순히 체력을 좋게 하는 것 외에도 신진대사를 좋게 하고, 쉽게 지치지 않는 체력을 키워주기도 한다. 더욱 좋은 몸매를 만들어주기도 하고, 젊은 몸매를 가지게도 할 만큼 운동은 다양한 부분에서 효과적이다.

 그래서인지 운동을 즐기며 운동을 하는 사람들이 많아지고 있다. 예전에는 운동을 통해 근육질의 몸을 보여주기 위한 것이 목적이었다면 지금은 자신의 건강 유지뿐 아니라 생활의 활력을 유지하기 위해서 운동을 하는 사람들이 많아지고 있다.

 우리는 몸이 건강하지 못한 것에 예민하게 반응한다. 몸이 건강하지 않음으로 인해서 닥쳐올 위험을 알고 있기에 건강의 위험 신호를 인지하게 되면 병원을 찾거나 건강한 삶을 위해 평소에 꾸준한 관리를 하기도 한다. 국가에서도 국민의 건강한 삶을 위해 어린 자녀부터 노년에 이르기까지 더 건강한 삶을 유지하기 위해서 다양한 지원을 하며 때에 맞게 건강검진을 권유하기도 한다. 혹시라도 몸이 아파 건강을 해칠 것을 염려해서 의료보험 혜택을 제공함으로 최소한의 건강을 지킬 수 있도록 제도적으로 마련하고 있다.

 꾸준히 운동을 한 사람들은 환경의 영향을 덜 받게 되어 더 건강한 삶을 유지하게 되고 세월의 흐름을 무색하게 느끼게 할 만큼 건강이 주는 효과를 누리는 모습을 종종 볼 수도 있다. 그러므로 꾸준한 건강관리를 꾸준하게 한다는 것은 자신뿐 아니라 가족이나 사회에서도 다양한 활동을 할 수 있는 영역이 넓어지는 효과를 가져오게 된다.

 몸의 건강을 유지하기 위해 시작한 운동은 일정량의 근육이 생기게 되고 삶을 살아가는데 중요한 요소가 되듯이 마음 근육을 단련하는 것도 중요하다.
(마음 근육을 단련하는 것이 중요한 요소는 앞 목차에서 이야기한 것을 참고하면 좋겠다.)

 마음 근육을 단련하게 되면 나타나는 효과는 생각한 것보다 다양한 곳에서 긍정적으로 나타난다. 마음 근육의 발달로 인해 나타나는 효과를 말하는 것만으로도 매우 많은 것들이 있겠지만 그중에서 대표적인 것 하나를 이야기한다면 다양한 관계에서 긍정적으로 나타난다는 것이다.

대인관계를 잘하는 것이 중요한 이유는 무엇일까?

지금도 그렇겠지만 앞으로의 시대를 살아가는 데 있어서 빼놓고 이야기할 수 없을 만큼 관계와 소통은 중요하다고 전문가들은 말한다. 앞으로 시대는 많은 일이 로봇과 IT 기술을 접목한 빅데이터를 통해 사람이 하던 단순한 일들을 처리할 수 있지만, 사람과 사람이 건강한 관계를 해나가면서 생겨나는 것들은 앞으로의 시대에서도 다룰 수 없기 때문이다.

관계 속에서 나타나는 다양한 감정과 소통은 사람의 가치를 더욱 중요하게 만들 뿐 아니라 그 관계 속에서 더 많은 일을 만들어 갈 수 있다. 그러므로 다양한 관계를 통해 자신의 정체성을 발견하고 또래 관계를 중요하게 생각하는 청소년기에 마음 근육을 강화해줘야 하는 이유이기도 하다.

마음의 근육이 건강하게 발달하지 않으면 어떨까?

정기적으로 모임을 하는 곳에서 강원도에 있는 한적한 시골로 여행을 갔다. 모처럼의 여행이어서 들뜬 마음도 있었지만, 주변의 경관은 더욱 마음을 들뜨게 했다. 즐거운 마음에 함께 모여 담소도 나누고 주변을 탐색하며 즐겁게 지내면서 자연스럽게 술자리도 가지게 되었다 지난 밤 즐겁게 지내며 술도 마시게 되었다.

여행의 피로와 지난날 있었던 모임 시간으로 모두가 피곤한 상태였다. 그때 한 사람이 일어나 술도 깨지 않은 상태에서 냉장고 주변을 기웃거리면서 또다시 술을 꺼내먹으려 했다. 지난밤 술자리로 인해 자신의 몸도 가누지 못하는 상황이었기에 주변에 있던 사람들까지 나서서 그 상황을 말리며 조금 있다가 먹는 것이 좋겠다고 말했다.

나이도 있으셨지만, 사회적으로 영향을 끼칠 만한 위치에 있는 분이었지만 주변의 만류에도 불구하고 술을 먹기 위해 주위를 기웃거리며 주위 사람들의 눈치를 보았다. 그러다 아무도 보지 않는다고 느끼는 상황에서 어느새 몰래 술을 꺼내서 마시고 있었다.

이 모습은 마치 영유아기 자녀가 부모의 눈치를 보며 하지 말아야 할 행동을 골라 하는 듯한 모습처럼 보였다. 이분의 행동은 주변에 있는 사람들도 "왜 저럴까?" 하는 생각이 들 정도의 행동으로 비쳤다.

K 청년은 20대 중반을 향해 가고 있지만, 여전히 아르바이트하며 지내고 있다. 아르바이트하는 이유는 단순했다. 4대 보험을 내는 것이 아깝다는 것이었다. 주유소에서 직원으로 있어 보기도 했지만, 지금은 아르바이트로 지내고 있다고

말하면서도 빚이 있어서 걱정이라고 했다. 그러면서도 피시방에서 쓰는 돈은 아깝지 않다면서 아르바이트 이후 남는 시간을 피시방에서 시간을 보내고 있다고 말했다.

 지금 당장 주어진 일에 대해 걱정은 하면서도 보다 나은 내일을 위해 준비하지 않을 뿐 아니라 대인관계에서도 어려움을 보인다. 다니던 직장에서 원활한 관계가 되지 않아 다툼이 잦았고, 퇴사하는 이유를 타인에게서만 원인을 찾으려는 모습도 보였다. 지금의 모습에 대해 본인 스스로 걱정이 된다고 말하면서도 어떻게 지내면 좋을지에 대해 생각하기보다 지금 당장 주어지는 즐거움에 시간을 보내는 것이 더 중요하다고 말한다.

 L 학생은 밥을 먹고 있는데 앞에 앉아 있던 사람이 웃으며 간다는 이유로 시비를 걸었던 것이 문제가 되었다고 했다. 무슨 일이 있었는지 물었을 때 L 학생은 조금은 당황스러운 이야기를 꺼냈다. "저는 기분이 안 좋은데 저 사람은 뭐가 기분이 좋은지 웃고 있는 게 너무 화가 났어요"

 사람마다 다양한 삶을 살고 있듯이 저마다 느끼는 감정도 다양하지만, L 학생은 자신이 기분 나쁜 것만 생각할 뿐 타인이 감정을 생각할 겨를이 없었다. 자신의 기분이 좋지 않은 상황에서 상대를 보고 기분이 좋지 않다고 느낄 수는 있지만 나와는 달리 상대의 기분이 좋을 수도 있다는 것을 인지하지 못한 것이다. 그것이 겉으로 드러나면서 문제가 발생하게 되었고, 후회할 일이 생기게 된 것이다.

마음 근육이 건강하게 발달하는 것은 중요하다. 건강하게 발달하지 않으면 나이와 맞지 않는 모습을 보이거나, 타인과의 관계에서 쉽게 상처를 받거나 상처를 주는 상황이 생겨나고, 자신에 대해 올바로 바라보지 못해 다양한 관계에서 어려움을 경험할 수 있다.

마음 근육이 건강하게 발달하지 못함으로 인해 개인적으로는 심적으로는 우울, 조울, 쉽게 상처받거나 주기, 관계의 미흡함 등으로 나타나며, 외적으로는 신체화가 되어 이유 없이 몸이 아프거나, 병원에 갔을 때 원인을 모르겠다거나, 스트레스성이라고 말하는 것으로 나타나기도 한다. 관계나 사회에서는 폭력, 자신만 알아달라고 하기, 이유 없이 화내는 행동 등으로 나타나기도 하는데 이런 것들이 마음 근육이 건강하게 발달하지 않아서 나타나는 현상이라 말할 수 있다.

그러므로 자녀가 성장하는 과정에서 다양함을 경험하고, 많은 것을 아는 것도 중요하지만 평생의 삶을 살아가는 과정에서 건강한 삶을 살기 위해서라도 마음 근육을 발달시키는 것이 중요하다.

마음 근육은 언제부터 생길까?
마음(뇌 발달)은 대부분 7세 이전에 이루어지며 성인기의 뇌 발달 중 70% 정도가 이 시기에 형성이 된다. 나머지 30%는 25세 이전에 발달하는 것으로 알려져 있다. 그래서 어린 시절 자녀와 어떤 관계를 맺고 경험하게 했느냐에 따라 마음 근육 다양한 모습으로 발달하게 된다.

즉 어린 시절에 부모와 어떤 관계를 유지했으며, 자녀가 무엇을 보고 경험하며 자신의 존재를 나타냈는지, 어린 시절 성장 과정에서 때에 맞는 적절한 욕구가 인정받고 지냈는지도 중요하다. 또한, 감정을 충분히 공감받고 부모 및 주변의 사람들과의 소통이 이루어졌는지도 중요한 부분이다. 마음 근육 발달은 어느 하나의 과정에 의해서 만들어지지 않는다. 다양한 관계와 소통, 시기에 맞는 양육형태에 따라 마음 근육은 발달하고, 이런 과정들은 성장 과정 및 성인기에도 다양한 형태로 영향을 나타내게 된다.
공부는 학창시절에 영향을 끼치며 좋은 직장을 구하게 해줄 수는 있지만, 마음 근육이 발달하면 자녀가 살아가는 전 생애에 걸쳐서 영향을 끼치기에 결코 소홀히 여길 수 없다.

자녀의 성장 과정에 따른 마음 근육을 발달시키기 위해서 무엇을 해야 할까? 프로이트의 발달 기준은 심리 상담에서도 매우 중요하게 생각한다. 한 사람이 어떤 성장 과정을 지나왔는지? 때에 맞는 욕구가 충분히 해결되었는지를 참고할 때 많이 사용되고 있기 때문이다.

[프로이트의 발달단계 기준]

① **구강기(0-1세):**
 이 시기 아동의 리비도는 입, 혀, 입술 등 구강에 집중되어 있으므로 먹는 행동을 통해 만족과 쾌감을 얻는다. 이 시기에 만족을 못 하면 항문기로 넘어가지 못하고 고착되어 빠는 것에 집착하게 된다.

예) 손가락 빨기, 과음, 과식, 과도한 흡연, 수다, 손톱 깨물기 등의 현상이 나타날 수 있다.

② **항문기(1-3세):**
이 시기 동안 아동의 성적 관심은 항문 부위에 모아지며 대소변을 통해 쾌락을 느낀다. 이때 아동은 배설물에 관심과 흥미를 갖게 되는 시기이다.
이 시기 배변훈련을 받게 되는데 조급하거나 억압적으로 시키면 성인이 되어서도 항문기 고착 현상이 나타난다.

지나치게 깨끗한 것을 추구하는 결벽증과 무엇이나 아끼고 보유하려는 인색함이 나타난다.

③ 남근기(3-6세):
이 시기는 정신 에너지를 성기에 집중시켜 성기를 가지고 놀며 쾌락을 느낀다. 심리적 변화가 크게 일어난다. 남아는 오이디푸스 콤플렉스(Oedipus complex)를 경험하게 되고 여아는 엘렉트라 콤플렉스(Electra complex)를 겪게 된다.
남아는 거세 불안(castration anxiety)을 유발시킬 수 있고, 여아는 남근을 선망(penis envy)하게 된다.

아동들은 자기 부모와 동일시함으로 적절한 역할을 습득하여 양심이나 자아 이상을 발달시켜 나간다.

④ 잠복기(6-12세):
다른 단계에 비해 평온한 시기로 성적 욕구가 억압되어 성적 충동 등이 잠재되어 있는 시기이다. 반면 지적 탐색이 활발하게 이루어진다. 지적 활동에 에너지를 집중시킨다.

오이디푸스 콤플렉스 [Oedipus complex] : 아들이 동성인 아버지에게는 적대적이지만 이성인 어머니에게는 호의적이며 무의식적으로 성(性)적 애착을 가지는 복합적 감정.

엘렉트라 콤플렉스 [Electra complex] : 딸이 아버지에게 애정을 품고 어머니를 경쟁자로 인식하여 반감을 갖는 경향을 가리키는 용어.

출처 : 네이버 두산백과

심리성적 발달단계	구강기 (0-1세)	리비도 → 입, 혀, 입술 등 **구강에 집중** 　　　먹는 행동을 통해 만족과 쾌감을 얻는다. ※ 이 시기에 만족을 못하면 항문기로 넘어가지 못하고 고착되어 빠는것에 집착하게 된다. 예) 손가락 빨기, 과음, 과식, 과도한 흡연, 수다, 손톱 깨물기 등
	항문기 (1-3세)	리비도 → **항문부위에 집중** 　　　대소변을 통해 만족과 쾌락을 느낀다. ※ 아동이 배설물에 관심과 흥미를 갖게되는 시기, 조급하거나 억압적인 배변훈련은 항문기 고착현상을 불러온다.
	남근기 (3-6세)	리비도 → **성기에 집중** 　　　성기를 가지고 놀며 만족과 쾌락을 느낀다. ※ 심리적 변화가 크게 일어나는 시기로, 남아는 오이디푸스 콤플렉스, 여아는 엘렉트라 콤플렉스를 경험하게된다. 또한, 남근기에는 아동들은 자신과 부모를 동일시함으로 적절한 역할을 습득하여 양심, 자아 이상을 발달시켜 나가야 한다.
	잠복기 (6-12세)	다른 단계에 비해 평온한 시기 ※ 반면 지적 탐색이 활발하게 이루어져 지적 활동에 에너지를 집중시킨다.

리비도 [Libido] : 성본능(性本能)·성충동(性衝動)이라는 뜻으로 요약되며 보통 말하는 성욕과는 다른 넓은개념으로 쓰인다. 프로이트는 리비도가 사춘기에 갑자기 나타나는 것이 아니라 태어나면서부터 서서히 발달하는 것이라고 생각하였다.

출처 : 네이버 두산백과

부모와 어떤 관계를 유지하며 지냈는지 부모의 행동에 따른 설명이지만 그 외에도 중요한 것은 자녀와 적절한 눈 맞춤을 했는지? 외부 자극에 대해 반응할 때 어떻게 반응했는지, 자녀와의 대화에서 충분히 공감하고, 함께 놀아주는 시간이 충분했는지 등에 의해서도 마음 근육을 발달시키는 데 도움이 된다.

부모와의 건강한 관계를 맺고 마음 근육이 골고루 발달한 사람은 어려운 일을 만났을 때 좌절을 딛고 일어날 힘이 생긴다. 마음 근육은 크고 작은 다양한 역경과 시련과 실패를 다시 일어날 수 있는 도약의 발판으로 삼아 더 높이 튀어 오르는 마음의 근력이다. 마음 근육이 높은 사람일수록 목표한 성취를 이루거나 실패나 역경을 딛고 일어섰다는 공통점도 가지고 있다.

만약 자녀가 프로이트가 말한 시기가 지났거나 성인이 되었다면 어떻게 해야 할까?

자녀가 아동기나 청소년기에 있다면 그 시기에 맞는 놀이와 적절한 공감을 해주는 것이 중요하다. 짧은 시간이라도 자녀의 이야기를 들으려고 하고, 그들이 필요한 것이 무엇인지를 확인하는 것이 필요하다. 이 시기의 자녀는 부모에게서 벗어나고 싶어 하는 마음도 있지만, 부모의 인정을 받고 함께 하고 싶어 하는 마음도 있는 시기이다. 그러므로 자녀에게 조금의 관심을 가지고 손을 뻗는다면 자녀는 마음을 열고 부모에게 다가올 것이다.

 부모로서 자녀에게 물려줄 수 있는 것 중 가장 최고의 선물은 건강한 마음 근육을 선물하는 것이다. 마음 근육은 어렵고 힘든 시기에 다시 일어날 힘을 줄 뿐 아니라 언젠가 가족을 이루고 홀로서야 할 때 스스로 할 수 있다는 긍정적 에너지를 가지게 하기 때문이다.

자녀에 대한 기대감을 낮춰라

부모라면 누구라도 자녀가 잘 성장하길 바라는 마음이 있을 것이다. 그뿐만 아니라 자신보다 자녀가 더 잘 되기를 바라는 마음도 가지고 있을 것이다. 그래서 자녀에게 많은 것을 가르쳐주고 경험하게 하며 많은 것들을 보고 배우면서 더 멋진 모습으로 성장하기 기대한다.

 부모로서 자녀가 더 잘되기를 바라는 마음은 지극히 정상적이며 더 멋진 모습으로 성장을 기대하는 마음도 당연하다.

 하지만 어떤 경우에는 자신보다 더 잘되기 바라는 마음에 자녀의 꿈을 위한다고 하는 것이 도리어 자신이 이루지 못한 꿈을 이루게 하려고 자녀에게 주입하려는 것은 아닐까 하는 모습을 종종 보게 된다.

 부모로서 자녀에게 좋은 것을 주고 싶은 마음에서 시작되어 더 많은 것을 경험하게 하고, 잘되면 좋지 라는 마음으로 시작된 것이 자녀에 대한 기대감이 점점 커지면서 부모로서 이루지 못한 것들에 대한 보상을 받기 위한 모습으로 나타남으로 자신도 모르는 사이에 자녀에게 보상심리를 기대하는 모습이 되기도 한다.

 자녀에 대한 보상심리는 본인에게 만족할 만한 충분한 기대감으로 다가오지 않을 때 "내가 너한테 해준 게 얼마나 많은지 알아"라고 말하든지 "부족한 것이 뭐가 있어서 이렇게밖에 못하는 거야?" 라는 비난의 말을 쏟아내기도 한다.
 자녀에 대한 좋은 의도로 시작되었던 마음이 부모의 지나친 기대감이나 욕심으로 바뀌면서 자녀의 꿈과 계획은 더 중요하지 않게 된다. 이런 과정을 경험한 자녀는 충분히 인정받지 못한다고 느끼게 되고, 자신의 마음을 알아주지 않는 부모에 대해 서운함을 느끼다가 결국 자신의 마음을 알아주지 않는 부모에게 마음을 닫는다.

 부모로서 자녀에게 가지는 기대감이 더는 자녀를 위한 것이 아니라 부모의 목적으로 변질되면 자녀가 노력하고 수고하는 것을 보지 못하게 된다. 결국, 자녀의 능력이 상실될 뿐 아니라 늘 부족함을 느끼거나 자신은 아무리 노력해도 할 수 없다는 좌절과 실패감을 경험하게 한다.

 자녀는 자신의 꿈을 이루고 멋진 모습으로 성장하려는 힘을 가지고 있다.

서툴지만 나름 자신의 롤 모델을 정하려고 하고, 그들을 닮아가려는 모습을 보이기도 한다. 그중의 하나가 부모이다. 청소년기가 되면서 가장 크고 위대하게 보였던 부모를 뛰어넘어서 더 멋진 모습으로 살고 싶어 하는 마음도 있다. 그래서 부모를 뛰어넘고 싶은 마음에 주변 사람들의 가치와 기준을 선택하게 되는데 그 대상이 연예인이나 멋있다고 생각되는 대상이 선택의 기준이 되기도 하며, 부모 자체를 롤 모델로 삼기도 한다.

자녀는 다양한 롤 모델을 정하면서 자신의 위대한 꿈을 펼치기 원한다. 그리고 꿈을 펼쳐가는 데 있어 가장 강력한 힘을 부모로부터 인정받기 원한다. 세상에서 가장 위대하게 보였던 부모로부터 받는 인정은 더 멋진 삶을 살아가는데 원동력이 되는 것을 알고 있기 때문이다.

 자녀는 부모의 인정을 받는 것으로 삶의 원동력을 가지기 원하는데 부모의 기대감이 높으면 자녀는 높은 벽을 넘지 못하는 자신을 비하하게 되고, 결국 자존감이 낮은 자녀로 성장하기도 한다. 또한, 부모의 기대에 미치지 못한 자녀는 스스로 할 수 있는 것이 없다고 생각해서 사회에서 자신의 능력을 펼치지 못하는 사람이 되거나 더 완벽해지려는 마음에 완벽주의자가 되려는 모습을 보일 수도 있다.

사회인이 되어서는 자신보다 낮은 직급의 사람이나 일 처리를 잘 처리하지 못하는 사람을 볼 때 그들의 마음을 이해하고 함께 문제를 해결해 나가려고 하기보다 비난하고 무시하려는 모습을 보여 원활한 관계를 맺지 못할 수도 있다.

부모로서 자녀에게 기대하는 것은 당연하다고 말할 수 있다. 하지만 기대감이 자녀의 마음을 이해하고 그럴 수도 있다는 마음이 아니라 비난이 동반된 기대감이나 목표를 이루지 못한 행동을 다그치는 듯한 모습은 오히려 심리적 압박과 부담감을 느끼게 할 수 있다.

언제부터 자녀에게 기대하게 되었을까?
아마도 자녀가 성장하면서 "아빠 이거 뭐야?" 라고 질문을 하면서 많은 것들에 관심을 보이며 왕성하게 습득하려고 하는 시기에 "혹시 내 아이가 천재 아닐까?"라는 생각이 들었을 때가 있을 것이다. 자녀의 습득력이 빠른 것을 보고 무엇인가 가르치려고 했던 적도 있을 것이고, 새로운 것을 더 알려주고 싶은 마음도 있었을 것이다. 단순히 기대감이 아니라 무엇이든 빠르게 습득하는 자녀를 보면서 기대감이 극도로 다다를 만큼 매일 놀라운 능력을 보여주는 사건은 하루하루가 즐거움이었을 것이다.

자녀가 조금 더 성장한 후에는 내 자녀가 아닌 이웃의 자녀들이 보이기 시작하면서 주변의 또래 자녀를 둔 부모들이 자녀를 위한다고 하면서 시작한 한글과 영어를 배우는 것을 보면서 "혹시 내 아이만 뒤처지는 것은 아니야? "라는 불안감이 생겨난다. "내 자녀가 뒤처지는 것을 용납할 수 없어"라는 생각에 이것저것 가르치며 자녀에 대한 부모의 기대감을 주입하기 시작했을 것이다.

학교에 다니기 시작하면서는 받아쓰기를 하고, 또래들과 성적으로 비교당하기 시작하면서 자녀에 대한 실망감과 함께 더 잘할 수 있다는 기대감이 커졌을 수도 있다. 성적이 오르면 오르는 대로 기대감이 생기고, 성적이 떨어지면 떨어지는 대로 더 잘할 수 있지 않을까? 하는 기대감이 생겼을 것이다.

이쯤 되면 자녀가 무엇을 잘하는지? 어떤 것에 관심을 두고 있는지에 대해 관심이 있는 것이 아니라 공부를 잘하는지? 못하는지만 관심을 두게 된다.

처음 보이기 시작했던 자녀의 무한한 가능성에 관해서는 관심을 잃어버린다. 자녀가 가지고 있는 능력에 대해 눈을 감은 부모는 무엇을 하고 싶다고 말하는 자녀의 소리가 들리지 않게 될 뿐 아니라 평소 관심을 가지는 것에 대해서도 "그런 거에 관심을 가져서 나중에 밥벌이나 제대로 할 수 있겠어? "라는 말로 자녀의 능력을 무너뜨리는 모습을 보인다.

결국, 자녀를 위한 것이라고 말하면서도 더는 자녀가 가진 능력을 보지 않으려 하며, 오히려 주변에 대한 시선과 눈치를 보거나 부모의 영향을 주입하려는 모습으로 바뀌게 된다.

하지만 자녀는 스스로 사회에 선한 영향을 끼치는 사람이 되기 위해, 자신의 능력을 마음껏 펼치기 위해 무엇인가 해야겠다는 생각을 가진다. 어른들이 생각하는 것처럼 무엇을 하면 좋고 돈을 많이 벌 수 있는지에 대한 관심보다 무엇을 할 때 더 가치가 있고, 자신을 더 행복하게 할 수 있는지를 생각하며 건강한 어른으로 성장하기 원한다. 그래서 다양한 사람들과 함께 공감하고 좋은 세상을 만들 수 있는 꿈을 꾸며 살아가기 원한다.

그런 자녀에게 부모는 사람들과 어울리며 공감하는 법을 알려주지 않고, 더불어 살아가는 것을 알려주지 않음으로 자신의 꿈과 목표를 잃어버리고 공허함을 가지게 된다. 결국, 건강한 사회인으로서 꿈을 꾸기보다 자기중심적인 생각을 꿈이라고 표현하며 이렇게 말한다.

"저는 건물주가 될 거예요."
"돈만 잘 벌면 되는 거 아닌가요?"
"성공만 하면 다 되는 거 아닌가요?"

 이렇게 말하는 것들이 다른 사람의 자녀라고 생각하지 않았으면 좋겠다. 이 이야기는 내 자녀의 이야기고, 옆에서 언제든지 만날 수 있는 평범한 학생들의 이야기이며, 많은 자녀가 이렇게 살아가는 것이 진실이라고 믿고 있다. 그로 인해 많은 자녀가 타인은 물론 자신의 아픔도 보지 못한 채 살아가다가 결국 "부모님은 제 마음을 몰라요"라는 말로 아픔을 호소한다.

 자녀에게 어떤 것을 기대하면 좋을까?
 자녀가 잘되기 원한다면 무엇을 하면 좋을지에 대해 기대를 하기보다 무엇을 잘할 수 있는지에 대해 관심을 가지고, 더불어 살아가는 삶에 관해 관심을 가지는 것이 필요하다. 사람들과 어떻게 하면 좀 더 좋은 관계를 만들고, 건강한 사회를 만들 수 있는지에 관심을 두게 하고, 지금 만나는 또래들과의 긍정적인 관계에 관해 관심과 기대감을 가지게 하는 것이 좋다.

 자녀가 가지고 있는 성향을 그대로 인정하고, 좋아하고 하고 싶은 것이 있다면 그것을 표현하고 할 수 있도록 격려해주는 것만으로도 자녀는 자신에 대해 긍정적인 마음을 가지게 되고 오늘을 살아가는 힘을 가지게 된다. 하지만 혹시라도 실패하거나 좌절한다면 "그럴 줄 알았어"라며 비난하기보다 "실패해도 괜찮아", "다시 시작해보자", "처음이라 서툴러서 그런 거니까 좌절하지 말고 다시 도전해보자" 라는 말로 힘을 더해주게 되어 더 성장할 수 있는 발판이 될 수 있다.

우리도 어렸을 때 많은 실패와 좌절을 겪었고 그런 경험들이 쌓여서 지금의 모습이 있는 것이다. 실패와 좌절이 아픈 일이지만 결코 인생의 끝이 아니라는 것을 알고 있을 것이다. 어렸을 때 수 없는 넘어짐이 있었기에 일어날 수 있었고, 미숙했던 경험이 있었기에 잘할 수 있게 되었다. 군 생활이 어렵고 힘들다고 하지만 어렵고 힘든 시간을 보냈을수록 그 시절의 추억은 강하게 남아서 오늘을 살아가는 데 힘이 되고 있다는 것도 알고 있을 것이다.

 자녀가 잘 자라기 원한다면 부모의 기대감으로 그들의 가능성을 막지 않아야 한다. 자녀가 어려운 시간을 보내는 것이 안타까워 대신해주고 싶은 마음이 들 수도 있겠지만 그럴수록 고기를 잡아주는 것보다 잡을 기회를 만들어주는 것이 중요하다.

자녀와 좋은 관계를 만들고 싶다면 이렇게 말하세요

자녀와의 좋은 관계를 유지하고 사소한 이야기도 나누면서 지내고 싶은 마음은 모든 아빠가 공감하고 있는 부분이다. 아빠들의 이야기를 들어보면 자녀와 잘 지내기 위한 많은 방법을 시도했고, 좋은 관계를 만들기 위해 여행을 다니며 함께하는 소중한 시간을 보내기 위해 많은 노력을 했다고 한다. 해달라고 하는 것도 다 해주고, 필요한 것이 있으면 무엇이든지 들어주려고 노력도 했다고 한다.

 그런데도 가장 어려운 것이 자녀와의 관계라고 말한다. 실제로 아빠들은 자녀와 많은 시간을 보내기 위한 노력을 하고, 자녀와 함께하는 시간을 가지려고 노력한다고 말한다. 그런데도 자녀와의 관계에서 아빠의 원하는 방향과 다르게 자녀가 성장하는 것이 안타깝다고 말한다. 함께 지내고 싶지만 소중한 시간을 뺏기는 것 같고 점점 어색해지는 관계가 되는 것일까?

 이런 모습은 단순히 청소년이기 때문이라고 말하기에는 너무 거리감이 있어 보이고, 혹시 청소년이기 때문이라 하더라도 지금처럼 서먹서먹한 관계를 유지하는 것 또한 참고 지내기에 쉽지 않은 것은 분명하다. 그렇다고 성별의 문제로 단정 짓기에도 어려운 것이 성별과 상관없이 아빠와 좋은 관계를 유지하는 또래들을 볼 때면 부러움이 생기기 마련이다.

그렇다고 자녀가 아빠와의 좋은 관계를 유지하기 싫다거나 어색한 관계가 좋아서 대화를 차단하고 말하지 않는 것은 아니다. 자녀는 늘 아빠와 좋은 관계를 만들고 싶어 하며, 그 관계를 유지하고 싶어 한다.

그런데도 자녀가 아빠와의 좋은 관계를 만들지 못하는 이유는 무엇일까? 아빠로부터 좋은 관계를 만드는 방법을 배우지 못했기 때문이다. 좋은 관계를 만들고 싶어 하지만 그 방법을 배운 적이 없기에 자녀는 어떻게 해야 아빠와의 좋은 관계를 만드는지 알지 못한다.

"그런 것을 꼭 알려줘야 하나요?"

이렇게 반문할 수도 있다. 이 질문에 대해 그동안의 경험을 담아 말한다면 과감히 "네"라고 말하고 싶다.

왜 자녀가 공부를 못할까요? 그것은 그 공부를 배우지 않았거나 배우려 하지 않았기 때문일 것이다. 또한, 배웠다 하더라도 공부를 하는 방법을 이해하지 못했기 때문일 수도 있다. 공부도 배우고 자신의 지식으로 이해해야 잘할 수 있듯이 삶을 살아가면서 좋은 관계를 만들기 위해서는 그 또한 배워야 한다.

이 배움은 말로 하는 것으로 익혀지는 것이 아니다. 아빠의 삶과 다양한 표현 방식을 보고 배우며 익혀가는 것이고, 보여주는 삶을 통해 자녀가 방법을 익히고 표현할 수 있는 것이다.

그런데 안타깝게도 아빠들은 이런 표현을 잘하지 못한다. 단지 자녀와 시간을 보내고 함께하고, 여행을 다니면 자녀와의 좋은 추억을 만드는 것으로 생각하지만, 자녀는 다르게 생각한다.

자녀와의 소중한 시간을 보내기 위해 때로는 좋은 추억을 만들기 위해 함께하는 시간을 가지려고 노력하고, 필요한 것이 있으면 적절히 채워주려고 노력도 했을 것이다. 또한, 더 많은 것을 보고 경험하며 멋진 모습으로 성장하기 원했을 것이다.

이 정도면 아빠로서 많은 것을 다 해줬다고 생각할 수도 있다. 하지만 자녀와의 관계가 점점 서먹해지는 것을 볼 때면 "도대체 뭐가 부족해서 저러는지 모르겠네요."라며 한숨 섞인 말투로 이야기를 꺼내는 모습을 종종 보게 된다.

자녀의 생각은 어떨까? 아빠의 이야기와는 달리 "아빠와 함께했던 추억은 하나도 없어요. 제가 좋아서 간 것이 아니라 아빠가 원해서 간거였고, 아빠는 절대 제 마음을 알지 못해요."라는 말을 꺼낸다.

자녀와의 좋은 추억을 만들기 위해 노력을 했던 아빠는 자녀의 이 말을 듣고 허무함과 당혹스러움을 감추지 못한다. 분명 자녀를 위해 시간을 써가며 노력하는 모습을 보였던 것인데 무엇이 문제일까?

자녀를 위해 노력은 했지만 정작 자녀의 이야기에 귀 기울이지 않았고, 원하는 것이 무엇인지에 대해서는 알려고 하지 않았기 때문이다.

어린 시절을 함께 보냈던 자녀는 아빠의 바람과 기대감이 무엇인지 알고 있다. 혹시 모른다 해도 아빠만큼 멋진 사람으로 성장하고 싶어 하는 마음을 가지고 있다. 그런 자녀가 가장 필요했던 것은 선물이나 여행이 아니라 아빠의 애정 어린 말과 자신을 향한 마음의 표현을 더 필요로 한다는 것이다.

 자녀는 성장하는 과정에서 세상의 어떤 좋은 말을 듣는 것보다 아빠의 긍정적인 이야기를 들을 때 힘이 난다는 것을 알고 있고, 아빠의 말 한마디가 가장 소중하다는 것을 알고 있다. 아빠의 감정표현과 자신을 향한 마음을 느낄 때 안정감을 누리고 삶을 살아가는 힘이 생긴다는 것도 알고 있다.

 자녀를 사랑하지 않는 아빠는 없다. 단지 표현하는 것이 서툴고, 표현하지 않아도 알 것으로 생각하면서 마음을 표현하지 않은 것이 오해가 생기는 것이다. 그러므로 자녀를 향한 좋은 감정의 표현은 어느 것보다 크게 과장해도 전혀 과하지 않다.

 처음 표현할 때는 어색하고 어렵고, 내가 이런 것까지 해야 하나? 싶은 마음이 생길 수도 있지만 그럼에도 표현해야 한다. 처음에는 표현 자체가 어렵고 힘들 수 있지만 몇 번 반복하다 보면 전혀 어렵거나 어색하지 않다는 것을 알게 될 것이다. 또한, 표현하면서 변화되고 있는 자녀의 모습을 발견할 수 있을 것이다.

 우리나라 문화가 원래 표현하지 않고, 자신의 감정을 숨기는 것이 익숙해져 있다고 말하지만 가족 관계에서 표현하고 자신의 감정을 건강하게 전달하는 것은 반드시 필요하다. 마음을 드러내고 표현하는 것이 사소하고 아무것도 아닌 것 같다고 생각할 수도 있지만, 긍정적인 감정과 표현은 많이 할수록 가족과의 관계는 더 풍성해진다.

자녀와의 관계에서 무엇을 표현해야 할까?
자녀와의 관계에서 표현해야 할 많은 감정과 마음이 있겠지만 최소한 이것만은 표현하면 좋겠다. 미안하다, 사랑한다, 함께 있어 줘서 고맙다.
용기 내서 말해보세요. 미안하다.

아빠로서 미안하다는 말을 하는 것이 어렵고 힘들 수 있지만, 아빠가 미안함을 표현할 때 그 진심은 배가 되어 나타난다. 자녀와의 관계에서 솔직하게 마음을 잘 표현하지 못했던 것, 성장 과정에서 함께하지 못했던 시간들, 고민하고 있을 때 마음을 알아주지 못한 것, 마음을 이해하고 함께 있어 줘야 하는 것은 알고 있으면서도 바쁘다는 이유로 놓친 시간들… 아빠로서 자녀에 대해 이해하고 알아주지 못했던 많은 것들을 진심으로 미안해하면 좋겠다.

상담하면서 어려움에 있는 청소년들을 만날 때면 그들이 얼마나 어렵고 힘든 상황에 있는지 이야기를 들을 때 아픈 마음이 전해진다. 가정에서 자신의 이야기를 들어줄 사람이 없고, 힘들고 아픈 시간을 보내고 혼자서 견디기 어려워하는 청소년들은 스스로 가치가 없다고 생각하고 자신의 장점이나 가치에 대해서 바라보려 하지 않는다. 그리고 한없이 자신의 가치를 낮게 여기는 모습을 보이기도 한다. 이런 청소년들을 만날 때면 상담사인 나는 세상의 부모와 어른을 대신해서 진심을 담아 이렇게 말한다. "내가 미안하다. 어른으로서 너의 마음을 이해하지 못해서 미안하다" 비록 상담자로서 던진 말이지만 진심이 담긴 말에 청소년들은 눈물을 흘리거나 울먹이는 모습을 보인다.

상담자가 던진 말이지만 청소년들은 눈물을 흘리고 그동안의 아픔을 호소한다. 그리고 진짜 자신을 돌아보려는 마음을 비치기 시작한다. 하물며 아빠가 진심을 담아 하는 말은 얼마나 힘이 있을지 생각해보자. 그 힘은 더 큰 효과와 긍정적인 것들로 나타날 수 있다. 자녀와 함께하는 시간에서 무엇을 사과해야 할지 먼저 생각하면 좋겠다.

충분히 생각되었다면 용기를 내서 한 발짝 다가가 "아빠가 그동안, 네 마음을 알아주지 못해서 미안해"라고 말하면 좋겠다.
사랑한다는 말을 표현하는 것은 자주 해야 한다.

말하지 않아도 자녀가 알고 있다고 생각한다면 큰 오산이다. 지나간 날을 돌이키며 자녀에게 사랑한다는 말을 잊지 말고 사용하는 것이 필요하다.

자녀가 어렸을 때는 아빠와 함께 하는 놀이와 스킨십을 통해 사랑을 확인한다. 하지만 청소년기가 되면 자신의 마음을 알아주고 함께 공감할 수 있는 것을 통해서 사랑을 확인받고 싶어 한다…. 힘들어하고 어려워할 때도, 지금 실수가 잦고 잘하지 못한다 해도 아빠가 믿어주는 것을 통해서 사랑을 확인한다.

유아기 때 자녀에게는 손이 많이 가고 많은 것을 해줘야 한다고 생각한다. 그러나 청소년기가 되면 자녀가 다 성장했다는 착각에 빠져서 더 무엇인가 해주지 않아도 스스로 할 수 있다고 생각한다. 그로 인해 무엇인가 성과를 이루지 못하거나 약속을 잘 지키지 않으면 안 된다고 생각을 한다. 그러나 청소년기의 자녀도 아직은 어리다. 실수와 실패가 많으며 여전히 부모의 사랑을 필요로 한다.

사랑의 표현방식은 무엇인가 선물을 하는 것에 머물지 않는다.

함께 여행을 가는 것으로도 부족함이 있다. 그렇다고 자녀 마음껏 할 수 있도록 풀어놓는 것이 사랑의 표현이라고 하기에도 무엇인가 부족함이 있다.

사랑을 가장 잘 표현하는 방법은 무엇일까? 그냥 사랑한다고 말하면 된다. 사랑을 표현하는데 다른 것은 부수적인 것에 지나지 않는다. 사랑은 말 그대로 표현하면 되는 것이다. 하지만 사랑의 표현은 자주 하지 않으면 금세 잊어버리기에 자주 표현하는 것이 필요하다.

 얼마 전 저자의 자녀에게 "오늘 지내면서 어떤 일이 좋았어?"라고 질문하였다. 그때 큰아이가 "왜 갑자기 그런 걸 물어봐? 이런 말도 하지 않더니?"라며 반문을 하였다.

 그렇다고 이 말을 처음 표현한 것도 아니고 1년 전만 해도 매일 빠지지 않고 물었던 것인데 1년이라는 시간이 지나면서 이런저런 이유로 미처 물어보지 못했던 것 같다. 그랬더니 자녀는 자신에게 한 번도 말하지 않은 것으로 기억하고 있었다. 자녀의 이 말에 당황스럽긴 하였지만, 이때 주저하지 않고 이렇게 말했다.

 "아빠가 1년 전만 해도 물어봤던 건데…. 너무 오랫동안 안 물어봐서 잊었구나! 앞으로 자주 물어보도록 노력할게" 자녀는 이 말을 듣고는 오늘 있었던 일들을 이야기하였고, 물어봤을 때 하고 싶은 이야기가 생각났다고 하였다.

자녀를 사랑하는 마음은 누구나 있다. 하지만 그 마음을 자주 표현하지 않으면 자녀는 자신을 사랑한다는 것을 잊어버린다. 자녀를 사랑한다면 잊지 말고 이렇게 말해보자.

"아빠가 사랑하는 OO가 있어서 오늘도 행복해"

가족의 구성원으로서의 존재감을 확인하는 함께 있어 줘서 고마워
어렸을 때 자녀는 부모가 있다는 것만으로도 행복함과 즐거움을 누리지만 청소년기가 되어서는 가족 내 소속감을 느끼지 못하면 더 있어야 할 곳이라고 생각하지 않고 자립해야 한다고 생각할 수 있다. (스스로 자립심을 키우기 위해 자립을 해야겠다는 생각과는 구분해야 한다.)

가족과 함께하는 것에 대한 의미를 찾지 못하고, 자신의 존재를 확인하지 못하는 자녀는 밖에서 혼자 지내는 것이 오히려 더 편하고 좋다고 생각하는 것이다. 고등학교 2학년인 K 학생은 할아버지 할머니와 함께 살고 있었으며 업무 때문에 바쁜 아빠는 일주일에 한 번씩 집에 귀가한다고 했다.

학생이 학교를 마치고 집에 귀가하면 어느새 시작되는 잔소리의 할머니와 바깥

외출이 많은 할아버지와 지내고 있다고 했다. 주말에 집에 오는 아빠는 늘 피곤해서 잠을 자고 쉬는 것이 대부분이라고 했다.

가족 구성원 중 누구도 자신의 이야기에 귀 기울이지 않는다고 하였으며 차라리 혼자 지내는 것이 차라리 더 좋겠다는 생각이 든다고 했다. 무엇인가 대화를 하려고 하면 오래가지 않고 금세 목소리가 높아지게 되고, 결국 서로의 감정이 상한 채 마무리된다고 했다. 결국, K 학생은 가족과의 거리를 두기 위해 원룸에서 자취를 시작했다. 그뿐만 아니라 가족이 존재하는 의미에 대해서도 모르겠다고 말했다.

사람은 누구나 가족과 함께하는 시간을 소중하게 생각하고 그 안에서 삶의 의미와 자신의 존재감을 확인하려 한다. 가족은 함께하는 의미를 배우는 공간이며, 관계와 소통을 배우는 중요한 공간이다.

아빠는 한 가정의 가장이라고 말한다.
그 의미는 가정의 울타리를 짓고, 안정된 공간을 만드는 중요한 사람이라는 의미를 가진다. 그러므로 자녀에게 "아빠와 함께 있어 줘서 고마워"라는 말과 "너와 함께 할 수 있어서 아빠는 행복하다"라는 말은 자녀에게 가정에서의 소속감을 누리게 하고 자녀로서 책임감과 함께 자신이 소중한 사람이라는 것을 알게 한다.

 좋은 아빠라는 자격증은 세상에 존재하지 않는다. 감히 누구도 좋은 아빠라고 말할 수 없고, 좋은 아빠라는 자격을 가질 수 있는 사람도 없을 것이다. 혹시나 좋은 아빠로서 전문적으로 배울 수 있는 곳과 자격증이 있다 하더라도 그 자격증이 좋은 아빠라는 자격이 될 수 없다.

 아빠는 공장에서 찍어내듯 나오는 상품이 아니다.

좋은 아빠는 성인이 돼서 배우고 익히는 것도 아니며, 어느 날 갑자기 아빠가 되었다고 좋은 아빠가 되는 것도 아니다. 좋은 아빠는 자녀가 어렸을 때부터 아빠로부터 보고 배운 것을 통해 좋은 아빠의 모습을 꿈꾼다. 그러므로 아빠로서 가져야 하는 무게는 어떤 것으로도 측정할 수 없을 만큼 무겁게 느껴질 수 있다. 그런데도 자녀에게 좋은 아빠로서의 본이 되는 모습을 보인다면 세상의 어떤 것보다 가장 든든한 능력을 갖춘 존재로 성장하며, 또다시 아빠가 되었을 때 좋은 아빠의 본을 보이는 모습을 보이며 살아갈 것이다.

 자녀가 성장하는 속도는 생각보다 빠르다. 그 자녀에게 좀 더 좋은 내일을 주기 위해서라도, 건강한 가정을 선물하기 위해서라도 오늘 아빠로서 좋은 모습을 보이면 좋겠다.

나도 처음부터 아빠는 아니었다.

또한, 지금도 좋은 아빠라고 말할 수 없다. 단지 조금 더 좋은 아빠가 되기 위해 노력하고 있을 뿐이다. 좋은 아빠가 세상에 더 많아지길 바라는 마음을 담아 조심스럽게 담아 본다.

옥스포드대 연구 "아빠의 효과"

'아빠의 효과?'

영국 옥스퍼드 대학 연구진은 1만 7000명의 아이가 태어나서 33세가 될 때까지의 삶을 추적 연구했다. 아이가 발달하고 성장하는데 어떤 요인이 중요한지 알아보려고 한 것이다. 그런데 이 과정에서 뜻밖의 사실을 발견했다. 행복하고 안정적인 삶을 누리고 있는 사람들의 공통점 중 하나가 바로 '아빠와 좋은 관계'를 경험했다는 것

자녀에게 가장 친한 친구 같은 아빠가 든든하게 후원하고 있었다. 아빠는 자녀를 성공적인 미래로 안내하는 등대와 같은 존재이다. 단지 아빠와 좋은 관계를 유지하는 것으로도 성공적인 삶의 요소가 된다. 이것이 '아빠 효과(father effect)'다. '아빠 효과'란 말, 태도, 생활습관, 삶에 대한 가치관 등이 아이에게 각인 되는 것을 말한다.

'아빠 효과'의 영향력

 자녀가 아주 어릴 적부터 나타난다. 한 살이 되기 전까지 아빠가 많이 놀아준 경험이 있는 자녀는 서너 살이 되었을 때 또래보다 지능지수가 높고 인지능력도 우월하다. 아직 걸음마도 떼지 않은 아기들조차도 아빠의 영향을 크게 받는 것이다. 서너 살 무렵의 자녀는 호기심이 왕성하기 때문에 자주 놀아주고 대화와 호기심 자극 등을 채워주면 지능이 더욱 발달하게 된다.

 아빠는 자녀의 사회성에도 큰 영향을 미친다. 아빠와의 관계가 좋은 자녀는 또래와 잘 어울리며 갈등이 일어날 때도 문제 해결 능력이 뛰어나다. 특히 초등학교 저학년 시기는 사회성이 크게 발달하는 때이기 때문에 이때 아빠가 적절히 사회적 자극을 준다면 아이는 리더십과 협동성을 키울 수 있다. 이렇게 자녀가 아빠와 좋은 관계를 유지하며 느끼는 행복감은 학업 성취도와도 직결된다.

'아빠 효과' 실험 결과

아빠와의 소통이 학업 성취도와 어떤 연관성을 지니는지 알아보기 위해 미국의 로버트 블랜차드는 초등학교 3학년 아이들을 세 그룹으로 나누어 연구했다.

한 그룹은 '아빠가 자녀에게 완전히 무관심한 그룹'이었고, 두 번째 그룹은 '아빠가 자녀에게 관심이 많은 그룹'이었다. 세 번째 그룹은 '아빠가 집에는 있지만, 자녀에게 별달리 신경을 쓰지 않는 그룹'이었다

가장 성적이 좋은 학생들은 어떤 그룹에 속해 있었을까?

바로 두 번째 그룹, 아빠가 자녀에게 관심을 자주 보이는 그룹의 학생들이었다. 평균적으로 가장 성적이 나쁜 학생들은 아빠가 완전히 무관심한 그룹에 속해 있었다. 아빠가 곁에 있지만, 별달리 신경을 쓰지 않는 그룹의 학생들은 그 중간 정도

의 성적을 냈다. 아빠의 관심이 분명 자녀의 성적을 높이는 요인인 것이다. 물론 아빠의 의미가 지나치게 커져 오히려 자녀에게 부담을 주는 경우, 아빠 콤플렉스(father complex)가 생길 수도 있다.

아빠의 이미지가 지나치게 강할 경우 아빠처럼 되고 싶은 무의식이 작동해 아빠를 무조건 존경하고 따르는 경우가 있는가 하면, 반대로 아빠에게 반항하고 싶고 그 그늘에서 벗어나려는 모습도 보이기도 한다. 이런 것들은 아빠 콤플렉스에서 비롯된다. 이 정도로 지나치지 않은 경우라면 아빠 효과는 아이들에게 긍정적인 영향을 준다.

자녀에게 경제적인 풍요를 제공하는 것도 중요하지만, 아빠와 함께 보내는 시간을 선사하는 것 역시 중요한 일이다.

출처: 옥스퍼드 대학연구 [아버지 효과 중]

나도 처음부터 아빠는 아니었다

펴낸날	2019년 2월 11일

지은이	황필수
기 획	공필섭
디자인	박수빈

펴낸곳	(주)엔에프엠프로모션
펴낸이	공명섭
주 소	서울특별시 마포구 서교동 451-38
전 화	02)786-7740
팩 스	02)786-7760
이메일	Show@globalnfm.com
등 록	2016년 5월 19일 제 2016-000145 호
ISBN	979-11-966052-1-6

ⓒ 이 책의 저작권은 저자에게 있으며 무단 복제와 전재는 법으로 금지되어 있습니다.
ⓒ 잘못된 책은 바꿔드립니다.

세상 모든 아빠들에게 이 책을 바칩니다.